私なりの「主の祈り」

主の祈り霊想・講解

赤江弘之［著］

いのちのことば社

推薦のことば

日本同盟基督教団 理事長／徳丸町キリスト教会 牧師　朝岡 勝

「祈りの筵《むしろ》を囲む。」　こういう表現があるのを知ったのは、私が伝道者としてのスタートを切った西大寺キリスト教会で、当時、毎週火曜日の朝に持たれていた早天祈禱会でのことでした。

主任牧師であった赤江弘之先生の祈りに出てきたこのことば、実はそのときには「筵」の意味がわからず、後で調べて知ったという恥ずかしい思い出とともに、鮮明に記憶に刻まれています。

「筵」（藁《わら》などを編んで作った敷物。そこで設けられる座）の意味を知って以来、

「祈りの筵」という表現が心に響いています。日本の教会が培ってきた祈りの霊性の一つの姿を表すことばと言ってもよいのではないかと思います。

備前の小さな町の寺の門前町で始まった一群れが、幾多の苦難を乗り越えながら主にあって豊かな成長を遂げ、献身と犠牲を厭わずにいくつもの新たな教会を生み出し、幼児教育からチャーチスクール、高齢者ケアまで人間の存在全体を包括する働きを展開し、二〇一七年には四百名が集える大礼拝堂（グローリア礼拝堂）を献堂し、今なお果敢に福音宣教の業に取り組んでいる姿は、閉塞感漂う日本のキリスト教界にとっての大きな励ましです。

どうしたらこれほどの教会形成が果たせるのか。そんな問いが生まれます。そしてその問いへの最も本質的な答えが、「祈りの筵」を囲み続けてきた事実にあったことを教えられるのです。まことに教会が「祈りの家」と呼ばれることの証しがここに示されています。

本書は、赤江弘之先生が西大寺キリスト教会の伝道所の一つである桜が丘キリスト教会の礼拝で語られた「主の祈り」の講解説教です。ともに教会形成に励んで来られた西村敬憲先生に主任牧師の務めをバトンタッチする時期に重なるようにして、形成途上の開拓教会で語られた説教には、説教者、牧会者、伝道者、教会の学としての神学者である赤江先生の信仰のエッセンスが濃厚に凝縮されています。

「主の祈り」の講解説教は数多く出版されていますが、そこに本書が加えられることは、祈りの修練、信仰の養いのために有益であるのはもちろんのこと、説教を学び、説教に取り組む若い説教者たちにとって意義深いものとなるでしょう。そこで本書の意義を五つにまとめて挙げておきたいと思います。

第一に、聖書に忠実に従った釈義的・講解的な説教であるということです。西大寺キリスト教会の今日に至る形成の土台にあるのは、先に挙げた祈りとともに、聖書的な説教、しかも釈義的・講解的な説教にあることがわかります。

第二に、説教の背後に明確な教理的理解が控えていることです。赤江先生は教会教育の重要性、とりわけ教理教育の大切さを強調し、実践してこられました。信仰における知性の大切さを重んじていることがよく伝わってくるでしょう。

第三に、異教の文化や思想がさまざまに絡みつく日本の宗教的文脈に対する、宣教的・弁証的な説教であるということです。これは本書の特質が最もよく表れる点でしょう。因習の深い日本社会の儀礼や習俗と聖書的真理をいかに切り結ぶか。この難しい課題に果敢に取り組んでこられた先生ならではの説き明かしとなっています。

第四に、社会で生きる信仰者たちを励まし教える説教であるということです。みことばの解説に終始せず、一人ひとりの聴衆たちに向けて懇切丁寧に語りかける語り口には、生活のただ中にみことばを届けていこうとする牧会者の祈りが込められています。

そして第五に、赤江先生のうちに流れている「臨在信仰」が説教のそこかしこにあふれているということです。先生の信仰のルーツには、英国聖公会の宣教師B・F・バックストンを端緒とする「松江バンド」から始まった信仰の伝統があります。それは日本の教会の霊性を培ってきた大切なものであり、生ける神の御前で生きるという「臨在信仰」と表現されるものです。この信仰が、祈りの説き明かしの中に結晶していると言えるでしょう。

本書の「まえがき」、「あとがき」で「私なりの」に込められた意図が繰り返されていますが、私からすれば本書は「赤江先生こその」主の祈り説教だと思っています。

それゆえにまた本書を手にしてくださったどなたにも、主が教えてくださった祈りの世界の恵み深さと広がりとがいっそう豊かにもたらされ、それぞれの祈りの生活がいっそう祝福にあふれたものとなると確信します。

ぜひ本書を通して、一人ひとりの主の臨在の御前での祈りが豊かにされ、それをもって日本の諸教会の「祈りの筵を囲む」熱心が増し加えられますように。

主の祈り

天にいます私たちの父よ。
御名が聖なるものとされますように。
御国が来ますように。
みこころが天で行われるように、
地でも行われますように。
私たちの日ごとの糧を、今日もお与えください。
私たちの負い目をお赦しください。
私たちも、私たちに負い目のある人たちを赦します。
私たちを試みにあわせないで、
悪からお救いください。
〔国と力と栄えは、とこしえにあなたのものだからです。
アーメン。〕※

（マタイの福音書六章九～一三節、新改訳２０１７）

※『聖書　新改訳 2017』では欄外注の表記。

はじめに

「主の祈り」の説教集や解説書は、数えきれないほどあります。今さら私のようなものが書く必要はないように思ってきました。それでも書いてみようと思ったのは、いくつかの理由がありました。

「私なりの」という本の題名にあるように、私ならではという、私の固有性を主張したくなったからです。喜寿を迎え、主任牧師の交代を果たしてまもなく燃え尽きようとする牧会者生命の痕跡を残したいという願いが湧いてきました。浅い学びであっても、説教と教会形成に深く結びついた私なりの「主の祈り」を、西大寺の兄弟姉妹と分かち合いたいという思いが起こりました。西大寺キリスト教会で長く用いてきた「主の祈り」を、今後どうするのがいいのかという課題に関係しています。

もう一つの理由は、こじつけのようですが、新型コロナウイルス感染状況が生み出した、社会状況と教会の日常が大きく変化したからです。主の日の礼拝は、岡山県下の状況もあって、さまざまな対策を講じながらも幸いなことに一度も休まないで守ることができました。しかし、自粛体制は私たちの日常に影響を与えています。集会も、個人的な学びも、イベントも少なくなりました。その中で、説教準備や、今後の働きの備えをする時間が今まで以上に生まれました。伝道所の説教準備と合わせて、親教会の成人科テキスト作成の可能性を思いつき、本当に集中した時間を持つことができました。

最後に、出版については『聖書信仰に基づく教会形成――西大寺キリスト教会の歩みを一例として』（ヨベル、二〇一八年）と、ラジオ伝道の締めくくりの『愛がなければ』（西大寺キリスト教会発行）で終わったと考えていました。ところが、この思いが起こされてきたときに私の処女出版『いつ聖霊を受けるのか』（西大寺キリスト教会発行、二〇〇九年）との関連性について思いついたのです。『いつ聖霊を受けるのか』の表紙タイトルの上に、『みことばに聴くシリーズ1』と書いていました。二十五歳の神学生のころ、不遜にもシリーズ出版を志していたのです。ほかに著書はありますが、『みことばに聴くシリーズ』は、一冊しか著していません。そこで、私の思いの中では本書を『みことばに聴くシリーズ２』としています。

「私なりの」拙い文書です。読み手に教職の先生方を意識しています。信徒の方には、説教らしくない記述や表現内容が多くあって、読みづらいかもしれません。私の牧会指針の一つに、「信徒を子ども扱いしない」という思いがあります。その表れかもしれません。ご容赦くださいますよう、はじめにお断りいたします。何人かの方に、お喜びいただければ本望です。みことばがすべてです。みことばがだれかの心に残ることを願っています。

赤江弘之

はじめに

目次

Ⅰ　神の義にふさわしい祈り

5また、祈るとき偽善者たちのようであってはいけません。彼らは人々に
見えるように、会堂や大通りの角に立って祈るのが好きだからです。まこと
に、あなたがたに言います。彼らはすでに自分の報いを受けているのです。
6あなたが祈るときは、家の奥の自分の部屋に入りなさい。そして戸を閉
めて、隠れたところにおられるあなたの父に祈りなさい。そうすれば、隠れ
たところで見ておられるあなたの父が、あなたに報いてくださいます。
7また、祈るとき、異邦人のように、同じことばをただ繰り返してはいけ
ません。彼らは、ことば数が多いことで聞かれると思っているのです。
8ですから、彼らと同じようにしてはいけません。あなたがたの父は、あ
なたがたが求める前から、あなたがたに必要なものを知っておられるのです。

マタイの福音書六章五～八節

はじめに

マタイの福音書五章から始まる「山上の説教」は、イエスの弟子として生きる神の国の生活様式（義）を教えています。この項のテキストを含む六章一～一八節は、五章二〇節が前提として語られています。主イエスを信じる者の義が「律法学者、パリサイ人の義にまさっている」という、より高い基準を示しています。偽善者たちのようにではない、正しい信仰姿勢を教えておられます。

それは「義の実行」であり、⑴貧しい者への施し（二～四節）、⑵祈り（五～一五節）、⑶断食（一六～一八節）の三点です。この三つの行為の共通点は「隠れた」ということばで、四、六、一八節のように、人に見せる動機が偽善に当たるからです。

この章で取り上げるマタイの福音書六章五～八節で主イエスは、偽善者と異邦人の誤った祈りについて述べておられ、それに対する正しい祈りの典型として九～一三節において主の祈りが語られています。偽善者の祈りは人に見せる祈りであり、異邦人の祈りはことば数が多ければ聞かれるという強引な祈りです。それに対し、神の義に生きる者にふさわしい祈りのあり方を三つ挙げます。

神だけを意識して祈る

「偽善者」とは、本来役者とか俳優を意味することばであり、見せかけやなりすましの行為をする人を指します。人々の称賛を目当てに祈る祈りは、公開でも密室でも関係なくなされるのであって、ただ神だけを求めているかどうかという動機が問われているのです。要するに、神との差し向かいの語らいの場で、他人を意識したり、見栄や外聞にとらわれる雑念を締め出すということが大切なのです。忙しい現代人の私たちも、「自分の部屋がない」という手狭な住居環境の人も、はた目を意識せずに神だけに集中して祈るならば、神の義にかなう祈りができます。

詩篇六三篇五～八節にあるような、うれしいにつけ、悲しいにつけ、苦しみの中に置かれていても、ありのままの裸の心で、神にすがりつくような祈りの人になることを神さまは求めておられるのです。「そうすれば、隠れたところで見ておられるあなたの父が、あなたに報いてくださいます」（マタイ六・六）。

神の義にふさわしい祈りは、父に向かって幼子のように求める信頼に基づいてます。祈りにおいても、先に人々の称賛と尊敬を受け取るならば、神からの報いを受けることはないのです（五節）。

信じて祈る

異邦人の迷信的祈りの特徴は、「くどくどと祈る」ことです（七節）。他宗教で大真面目に繰り返しの多いお題目や念仏や祈禱文を唱える理由は、「ことば数が多いことで聞かれると思っている」という主の教えに当てはまります。反復の祈りが悪いわけではありません。主イエスも、ゲツセマネの園で三度も同じ祈りをささげられました（マタイ二六・四四）。徹夜で祈られたことがあり、長く祈られたこともありました。祈りは、決して神の計画や決定を変更させる、ひざ詰め談判であってはなりません。八節にあるように、「あなたがたの父は、あなたがたが求める前から、あなたがたに必要なものを知っておられる」という約束に基づくものです。しかも神は、ただ知っておられるだけでなく、愛と恵みをもってこれを備えておられます。この愛と恵みはイエス・キリストによって豊かに示されました。イエス・キリストの名で祈るのはそのためです。これが、イエス・キリストを信じている者の祈りです。ベツレヘムからゴルゴタまでの出来事がなければ、私たちの祈りは空虚な叫びにすぎなくなってしまうでしょう。主は確信を持つ祈りをするように「あなたがたが祈り求めるものは何でも、すでに得たと信じなさい。そうすれば、そのとおりになります」（マルコ一一・二四）と言われました。

真実に祈る

「神は真実です」（Ⅰコリント一・九）。「私たちが真実でなくても、キリストは常に真実である」（Ⅱテモテ二・一三）と書かれています。

弟子たちは、「隠れたところにおられるあなたの父に祈りなさい」（マタイ六・六）と教えられたので、真実な祈りをすることを許されています。罪ある私たちはこの主イエスを信じ、主イエスとの交わりの中においてのみ、真実な祈りをすることが許されています。

また、父なる神は私たちが不真実なものであり、自己中心的な、自己愛の固まりであることをご存じです。だから、「私たちが求める前から、必要なものを知っておられる」というのは、みこころにかなう祈りと、かなわない祈りがあることを含んでいる約束です。私たちの不真実で自己愛に満ちた粗末な祈りをも生かして用いてくださいます。

使徒パウロは、ローマ人への手紙で「私たちは、何をどう祈ったらよいか分からないのですが、御霊ご自身が、ことばにならないうめきをもって、とりなしてくださるのです」（八・二六）と述べています。そのすぐ後に、「神を愛する人たち、すなわち、神のご計画にしたがって召された人たちのためには、すべてのことがともに働いて益となることを、私たちは知っています」（二八節）と続けています。その、益となることの目的が、続いて述べられていることを見落としてはなりません。「すべてのことを益とする」とは、「あらかじめ知っている人たちを、御子のかたちと同じ姿にするためであるというのです（二九節）。ご利益信仰の自己中心の祈りとは、似ても似つかない約束です。だから、神が私たちの祈りを聞いてくださらないと思われるときにも、神は冷淡なのではなく、計り知れない恵みのご計画を推進しておられることを信じ続けたいものです。

むすび

この三つの祈りの注意点にかなう祈りが、「神の義にふさわしい祈り」です。しかし、私たちが今生きているこの世界は、父なる神の存在を認めない世界です。「隠れたところにおいでになる」、しかし、確かに生きて働いておられる方がおられます。それは、イエス・キリストの生涯、特にその十字架と復活の出来事を通して見いだすことができます。復活して、今も生きておられる主イエスが、私たちのつたない祈りを聞き、とりなし保証してくださるのです。

私たちのこれからの日々の祈りが、神だけを意識して、信じて、真実に祈ることができるように決意し、祈りましょう。以上が「主の祈り」の導入です。主の真の弟子になることを切に祈って、この章を閉じます。

Ⅱ　天にいます私たちの父よ

ですから、あなたがたはこう祈りなさい。
「天にいます私たちの父よ。
御名が聖なるものとされますように。」

マタイの福音書六章九節

1 さて、イエスはある場所で祈っておられた。祈りが終わると、弟子の一
人がイエスに言った。「主よ。ヨハネが弟子たちに教えたように、私たちに
も祈りを教えてください。」
2 そこでイエスは彼らに言われた。「祈るときには、こう言いなさい。
『父よ、御名が聖なるものとされますように。御国が来ますように。
3 私たちの日ごとの糧を、毎日お与えください。
4 私たちの罪をお赦しください。私たちも私たちに負い目のある者をみな

赦します。私たちを試みにあわせないでください。』」

ルカの福音書一一章一～四節

はじめに

前章は「神の義にふさわしい祈り」について学びました。そして、主イエスによる模範的な祈りが教えられています。それが「主の祈り」です。その講解的メッセージをします。その第一の祈りが、「天にいます私たちの父よ」というわけです。

私の古い財布の一つに、なぜかセピア色の父の名刺が入っています。父の思い出が込められています。父の背中が大きな岩のように思えた私の幼少期、父の使い走りで大きな荷台のついた自転車に乗って走りまわっていたころは小学生後半だったでしょうか。水田で、梅雨時に田植え仕事、秋の収穫期の稲刈り、脱穀の仕事で父の背中を追いかけて、自分の成長と父の距離感が変化していったことなどが懐かしく思い出されます。

六人兄弟の五番目で次男坊の私は、兄と十五歳も年が離れていました。父の戦時中の応召後の誕生で、兄や姉の受けた厳しいしつけの時期は過ぎて、人間的に丸くなった父に接していたと思われます。それでも、ほかの友人に比べて父親の存在感の大きさを感じていました。父の怖さを知っていましたが、いつも尊敬を込めて「お父さん」と呼んでいました。私にとってすごく頼もしい父でした。主イエスは、だれ一人近づきがたい全能の主なる神を、アラム語で「アバ、父よ」と親しく呼びかけて祈っておられました。私の地上の父は、天の父をイメージさせてくれる人であったことを感謝せずにおれません。

ところで、ルカの福音書の主の祈りには、「父よ」という簡単な呼びかけで記されています。それに対するマタイの福音書は「天にいます」ということばが付け加えられているのです。そこにどんな意味があるのでしょう。

「天」について

(1)「天に」という意味は

マタイは、このことばを書き漏らしてはいけないと思ったのでしょう。まず「天」というのは、場所や空間のことを意味しているのではなく、神が常にともにおられることと、その聖さを表しています。つまり、神のご性質を表しているのです。神は霊ですから、ここでの「天」は、遠く離れた天上の宇宙空間が神の住む場所を意味していないのです。ギリシア神話の「天」はウーラノスと言い、天そのものの神格化ですから、その思想と区別しなければなりません。それよりも、東洋思想における、人を超えた存在としての概念のほうが聖書に近いといえるでしょう。

聖書における天は、私たちと違う場所というよりは、異なった次元に存在すると考えるべきでしょう。それに対して、御使いたちは神の被造物であり、時間と空間を超えて存在していると思われます。また、創造者であられる神がいつも地上にいる神の子どもたちの近くにおられるということは、聖書全体を通じて当然のことと言うべきです。

私たちの祈る神は、「天にいます私たちの父」なのです。その神は、愛であり聖なるお方です。この地上にはおられないが天上のどこかにおられるという意味ではなく、人格を持つ「聖い神」であることを教えています。

(2)「天にいます」という呼びかけは神の力を示している

祈りは、独り言ではありません。当然のことですが、私たちの父なる神は、私たちの祈りに応える力を持っておられる方なのです。ですから私たちは、全幅の信頼をもって祈ることができるのです。聖書にご自身を啓示された神は全知全能であり、無限でもあられ、「近づくこともできない光の中に住まわれる」永遠の創造者、支配者でもあられます（Ｉテモテ六・一六）。神殿建設を成し遂げたソロモン王は問いかけました。

「神は、はたして人間とともに地の上に住まわれるでしょうか。実に、天も、天の天も、あなたをお入れすることはできません。」

（Ⅱ歴代六・一八）

このソロモンの問いかけに、神は答えられたのです。

「いと高くあがめられ、永遠の住まいに住み、その名が聖である方が、こう仰せられる。『わたしは、高く聖なる所に住み、砕かれた人、へりくだった人とともに住む。』」

（イザヤ五七・一五）

(3)「第三の天」について

聖書の中で「第三の天」と呼ばれている領域があります。その数少ない箇所はコリント人への手紙第二、一二章一節から七節にあります。

「私はキリストにある一人の人を知っています。この人は十四年前に、第三の天にまで引き上げられました。肉体のままであったのか、私は知りません。肉体を離れてであったのか、それも知りません。神がご存じです。……彼はパラダイスに引き上げられて、言い表すこともできない、人間が語ることを許されていないことばを聞きました。」

（二、四節）

この人は、おそらくパウロ自身であったでしょう。これが事実であり、個人的なことであり、決して誇るべきことでないことが確認されています。そのために、使徒パウロは肉体に一つのとげを与えられ、決して誇ることがないように戒められていたのです。しかし、第三の天とはパラダイスのことであることは確かでしょう。思い返すのは、十字架上の主イエスの最後のことばの一つです。

「まことに、あなたに言います。あなたは今日、わたしとともにパラダイスにいます。」（ルカ二三・四三）

これはイエスの隣の犯罪人に約束されたおことばです。ヨハネの黙示録にも、「右手に七つの星を握る方、七つの金の燭台の間を歩く方」（二・一）が同じ約束をされています。

「勝利を得る者には、わたしはいのちの木から食べることを許す。それは神の

パラダイスにある。」（同七節）

第三の天がどのようなところか、これ以上私たちに知らされていません。しかし、パウロにとって、これは大きな歓喜の経験であったことは事実だったのです。地上で福音宣教のために悪戦苦闘していた彼にとって、この経験は、たしかに慰めであり、励ましであり、また感動であったことでしょう。その経験を指していると思われるパウロのことばを味わいましょう。

「私にとって生きることはキリスト、死ぬことは益です。しかし、肉体において生きることが続くなら、私の働きが実を結ぶことになるので、どちらを選んだらよいか、私には分かりません。私は、その二つのことの間で板ばさみとなっています。私の願いは、世を去ってキリストとともにいることです。そのほうが、はるかに望ましいのです。」（ピリピ一・二二～二三）

キリストとともにいるところが「第三の天」ではないでしょうか。

「神の子」について

次に「天にいます父」によって、「神の子」とされることについて話しましょう。

(1) 神の子と呼ばれる資格

私たちは神の被造物です。一方、御子イエスは永遠の初めから三位一体の神の第二位格であられます。私たちは主イエスの有名な放蕩息子のたとえにあるように「もう、息子と呼ばれる資格はありません」（ルカ一五・一九）というべき罪あるものでした。

「神は、みこころの良しとするところにしたがって、私たちをイエス・キリストによってご自分の子にしようと、愛をもってあらかじめ定めておられました。」

（エペソ一・五）

「イエス・キリストによって」というのは、ヨハネの福音書によれば「この方を受け入れた人々、すなわち、その名を信じた人々には、神の子どもとなる特権をお与えになった」（一・一二）ということです。これこそ御子の受肉の目的でした（ガラテヤ四・四、五）。このことを、使徒パウロはさらに詳しく述べています。

「神の御霊に導かれる人はみな、神の子どもです。あなたがたは、人を再び恐怖に陥れる、奴隷の霊を受けたのではなく、子とする御霊を受けたのです。この御霊によって、私たちは『アバ、父』と叫びます。御霊ご自身が、私たちの霊とともに、私たちが神の子どもであることを証ししてくださいます。」

（ローマ八・一四～一六）

つまり、父としての神に、子とする御霊によって祈れるのはクリスチャンだけなのです。「御霊によって生まれた者」（ヨハネ三・六）には、「神は『アバ、父よ』と叫ぶ御子の御霊を、私たちの心に遣わされました」（ガラテヤ四・六）。その御霊が、とりなしをしてくださるのです。

神の御霊によって、神から離れ、神に背いた罪を自覚し、イエスを仲保者、そして罪を担われたお方として見上げ、そしてその御子を通して神のみもとへ行く者だけが、子どもとして神にお願いする特権を持ちます。

⑵ 神の子の権利

子どもの特権は相続人になることです。先ほどのガラテヤ人への手紙四章七節に、「ですから、あなたはもはや奴隷ではなく、子です。子であれば、神による相続人です」と続いています。古代世界では、養子とされることは相続人としての身分を保証されることでした。そしてクリスチャンは、キリストとともに神の栄光の共同相続人なのです（ローマ八・一七）。主は地上の最後の日の前日に言われました。

「わたしの父の家には住む所がたくさんあります。そうでなかったら、あなたがたのために場所を用意しに行く、と言ったでしょうか。わたしが行って、あなたがたに場所を用意したら、また来て、あなたがたをわたしのもとに迎えます。」（ヨハネ一四・二、三）

私の学んだ関西聖書神学校は、神戸市垂水区のジェームス山の山頂近くにありました。各国の領事館や、某電機メーカーの会長の大邸宅がある高級住宅地を通り過ぎて行きました。途中、「うちの別宅に寄って行きませんか」と、大きな屋敷の前で冗談を交わしたものです。すると、「天の我が家はもっと大きいよ」と切り返す声があり、みんなで大笑いしたものです。神の相続人であるということを本当にわかっておれば、自分がどんな君主やセレブよりも、はるかに豊かな特権を持っていることを知るということなのです。物質的、経済的大富豪である以上に、霊的な特権が与えられています。

「私たちが神の子どもと呼ばれるために、御父がどんなにすばらしい愛を与えてくださったかを、考えなさい。事実、私たちは神の子どもです。世が私たちを知らないのは、御父を知らないからです。愛する者たち、私たちは今すでに神の子どもです。……私たちは、キリストが現れたときに、キリストに似た者になることは知っています。」

（Ⅰヨハネ三・一、二）

子どもの特権は父に愛されるということです。先ほどのヨハネの手紙にあるように、父なる神はすばらしい愛を与えてくださっています。私たちは神の養子とされた子どもとして、ご自分の「愛する子」（マタイ三・一七、一七・五）と呼ばれた方と同じように愛されています。父なる神は「実子」である御子イエスも、罪から救われて神の子、つまり「養子」とされた私たちも同じように愛してくださる完全な父です。これこそ、まさに福音と言えるでしょう。そこで、使徒パウロの雄たけびが聞こえてきます。

「高いところにあるものも、深いところにあるものも、そのほかのどんな被造物も、私たちの主キリスト・イエスにある神の愛から、私たちを引き離すことはできません。」（ローマ八・三九）

このことは神が私たちを決して忘れることがなく、顧みていてくださることを表しています。たとえ私たちが放蕩息子のようにふるまったときにも忍耐深い、あわれみ深い父としていてくださることを意味するのです。

忍耐深い、あわれみ深い神は私たちの父なる神さまです。主の祈りは「私たちの父よ」（マタイ六・九）と呼び掛けています。はじめに言いましたが私の父に、六人兄弟のそれぞれが違ったイメージを持っています。若い父の、苦しい時代の厳しいしつけを受けた兄や姉たちと、戦後の幼少期を過ごした私と妹の、父に対するイメージは違いました。兄や姉にとって、父の子どもに対する接し方に、えこひいきしていると思ったかもしれません。しかし、「天にいます父」は完全な父親です。「私たちの父」は子どもたちみんなの幸福を願い、愛してくださる、公平な申し分のない「聖なる」お方です。

「神の家族」について

神さまが「天にいます」方であり、聖にして全能の力を持っておられる方であることについて、ご理解いただけたと思います。

最後に私たちは、神の家族のことに心を向けなければなりません。それは、主イエスが関心を持っておられた神の家族である神の教会（エペソ二・一九）の、兄弟姉妹をだれよりも愛さなくてはならないということです。「私たちは機会があるうちに、すべての人に、特に信仰の家族に善を行いましょう」（ガラテヤ六・一〇）というパウロの勧めを心にとめて、「私たちの父」なる神に祈るのです。その父を、聖なるお方として畏れ尊んでいることを実生活で証ししなければなりません。兄弟姉妹みんながそうなるように祈り励まし合いましょう。「私たちの父」に祈ることによって私たちはキリストにある信仰をともに告白し、神に信頼し、聖霊によって喜びます。また、父なる神への従順と、信仰の家族への配慮をもってともに神に仕え、神を礼拝するのです。そうすることが、この祈りを教えてくださった、主イエスさまの期待に応えることになります。

礼拝と言えば思い浮かぶのは、ローマ人への手紙一二章です。使徒パウロは、キリスト者の実践生活について述べる冒頭に述べています。

「あなたがたのからだを、神に喜ばれる、聖なる生きたささげ物として献げなさい。それこそ、あなたがたにふさわしい礼拝です。」（一二・一）

この一二章で、神のみこころを知り、神に喜ばれることは何かを考えるように勧めています。それは、主の教会は「キリストにあって一つのからだであり、一人ひとりは互いに器官」（同五節）であるということです。キリストのからだであり、神の家族である教会は、それぞれの与えられた恵みの賜物によって働きます（同六～八節）。さらに、「兄弟愛をもって互いに愛し合い、互いに相手をすぐれた者として尊敬し合いなさい」（同一〇節）というのです。それが、イスラエルも異邦人も御子イエス・キリストによって神の子とされて、「心を新たにすることで、自分を変えていただく」（同二節）ということです。

新型コロナウイルス感染症の感染対策で自粛ムードのこの時期に、ともに集う礼拝に励んでおられる皆さんと、いろんな事情でやむを得ずそれぞれのところで心を一つに礼拝を守られる方も、主は喜んでおられることでしょう。私たちは神の子どもです。神の家族が、ともに聖なる神に、聖なる生きたささげものとして礼拝ができることは何という恵みでしょう。

むすび

私たちは主の祈りをささげるときに、以上のような理解と信仰をもって、聖にして力に満ちる愛なる神に「天にいます私たちの父よ」と祈っているでしょうか。日本のクリスチャンと教会が、このような正しい理解と、絶対の確信をもって祈るとき、もっともっといのちと力があふれてくるでしょう。もしそうでなかったとしたら、私たちは悔い改めて、放蕩息子を待ち続けておられるお方に、「天にいます私たちの父よ」と祈るものとならせていただきましょう。

Ⅲ　御名が聖なるものに

ですから、あなたがたはこう祈りなさい。
「天にいます私たちの父よ。
御名が聖なるものとされますように。」

マタイの福音書六章九節

13 わたしは今、あなたのもとに参ります。世にあってこれらのことを話し
ているのは、わたしの喜びが彼らのうちに満ちあふれるためです。
14 わたしは彼らにあなたのみことばを与えました。世は彼らを憎みました。
わたしがこの世のものでないように、彼らもこの世のものではないからです。
15 わたしがお願いすることは、あなたが彼らをこの世から取り去ることで
はなく、悪い者から守ってくださることです。
16 わたしがこの世のものでないように、彼らもこの世のものではありません。

17 真理によって彼らを聖別してください。あなたのみことばは真理です。
18 あなたがわたしを世に遣わされたように、わたしも彼らを世に遣わしました。
19 わたしは彼らのため、わたし自身を聖別します。彼ら自身も真理によって聖別されるためです。

ヨハネの福音書一七章一三～一九節

はじめに

この箇所の多くの邦訳は、「御名があがめられますように」でした。新改訳2017は、「御名が聖なるものとされますように」と変わっています。文語訳は「願はくは御名の崇められん事を」、口語訳（協会訳）は「御名があがめられますように」、新共同訳は「御名が崇められますように」とそれぞれ訳されています。この祈りの持つ底知れない、大きな概念を少しずつたどっていきましょう。

「御名」について

すべての邦訳は、「御名」ということばを共通して用いています。このことば遣いは、私たち日本人にはわかりやすい言い方です。〝俺の名がすたる〟とか、〝わが家の家名を汚すな〟などのように言い習わしてきたからです。その場合の「名前」は、本人・本体そのものを表しています。ですから、主イエスがここで使っておられる場合の「御名」ということばは、単なる称号ではありません。神の称号であり、人格、力、権威、名声、ご存在そのものを指し示すのです。神がだれであるかという問いがなされたとき、いつも戻ってきた神ご自身のお答えは、「わたしはある」でした。永遠から永遠まで変わらないお方であることを表しています。主イエスがこの祈りで言われていることは、「父よ。あなたの人格、存在そのものに栄誉が与えられますように」ということです。

聖書の神を表す独特な名前は、文語訳聖書で「ヱホバ」と訳されていました。口語訳聖書では「主」と訳され、新改訳聖書では太字で「主」と訳しています。ユダヤ教徒は、エホバという神の名を尊ぶあまり、その名を口にすることさえ恐れて、「エホバ」という名前が出ている箇所を読むときには、彼らはそれをあえて口にしなかったのです。「ヤハウェ」という読み方も絶対的ではありません。神の御名はＹＨＷＨという聖四文字で記されていました。ユダヤ人はそれを「アドナイ」（我が主）と読むようになりましたが、後に母音記号を付加したときに「アドナイ」を誤って「エホバ」と発音するようになってしまったのです。そのことからわかることは、「エホバの証人」の根拠は根底から崩れてしまうということです。「エホバ」だけが神で、イエスも聖霊も神でないといい、三位一体の聖書の啓示を否定するのですから。

いずれにしろ、永遠から永遠までおられる「お方」である神は、単純な人間の称号などによって表現できるはずがないのです。しかし、聖書によれば初代教会の信者たちは「キリストの御名によって」、あるいは「ナザレのイエスの御名によって」御業がなされたと呼んでいました。その御名には、イエスという生ける主の性格、力、能力、権威のすべての意味が全部含まれていたのです。永遠性と、先在性についての主イエスご自身のおことばがあります。それが「アブラハムが生まれる前から、『わたしはある』なのです」（ヨハネ八・五八）という、質問への答えです。

やがて、使徒ペテロがペンテコステ後の宣教をとがめられて、エルサレムのユダヤ人指導者たちに弁明した説教の結論が、主イエスの「御名」についてだったのです。

「この方以外には、だれによっても救いはありません。天の下でこの御名のほかに、私たちが救われるべき名は人間に与えられていないからです。」

（使徒四・一二）

これらの主ご自身と使徒たちのことばは三位一体の宣言でした。それゆえに、主イエスも使徒たちも命を脅かされ、迫害を受けたのです。

「聖なるものとされますように」とは

第三版までの新改訳聖書は「あがめられますように」と訳されていました。このことばは「きよくされる」ということばです。しかし、日本語の「崇める」という意味は、「尊いものとして扱う。寵愛する」（『広辞苑』第四版）、「この上ないものとして扱う。尊敬する。敬う」（『大辞林』第三版）という意味で、「聖なる方、聖なるもの」という認識は希薄です。ですから、「聖い」（ハギアゾー）の本来の意味、つまり、他のものと区別して聖なるものとする、という意味を表すには「あがめられますように」よりも、「聖なるものとされますように」という訳語を、新改訳２０１７は選んだのです。

「聖なるものとされますように」は、日本語としてこなれていない表現ではあるが、本来の神の聖性や、聖という概念が薄れてきている今日にふさわしい訳であると思います。この「聖」という訳を採用している聖書に、岩波訳、フランシスコ会訳があります。「聖い」ということばは、「選び分けられた、非常に特別な、健全な、完全なもの」を表すのに使われます。繰り返して言えば、「崇める」にはそのような意味は含まれていないのです。預言者イザヤは感動的な描写をしています。「聖なる、聖なる、聖なる、万軍の主。その栄光は全地に満ちる」（イザヤ六・三）。『教会福音讃美歌』の最初の讃美歌は、この聖書箇所から作詞された有名な古典的賛美です。

一　聖なる　聖なる　聖なるかな　われらの讃美を　受けたまえ

恵みにあふれ　力に満ち　三つにいまして　ひとりの主
二　聖なる　聖なる　聖なるかな　すべての聖徒も　御使いも
冠を捨てて　御前に伏す　昔も今も　変わらぬ主
（『教会福音讃美歌』一番）

神に栄光があるように

「聖なるものとされますように」とは、イザヤの預言のように、「その栄光は全地に満ちる」お方であることの告白です。先ほどの讃美歌の四節の歌詞を見てください。

四　聖なる　聖なる　聖なるかな　空にも地にも　満ちわたる
造られしもの　御名をほめる　三つにいまして　ひとりの主

「聖」とは、神をその畏敬を覚えさせる力ときよさにおいて、私たち神の被造物とは全く異質なものとする聖書の用語です。ですから、この祈りは聖書の神への賛美と崇敬と、神だけがすべてのすべてであることを求めています。宗教改革者ジャン・カルヴァンは、「神にのみ栄光があるように」というモットーを掲げました。また、詩篇の記者は「私たちにではなく　主よ　私たちにではなく／ただあなたの御名に　栄光を帰してください」（一一五・一）と賛美しています。

神を賛美することは人間にとって最もふさわしいことです。また、私たちすべての人間の存在の目的であることは、キリスト教神学のすべての学派の共通する思想です。さらに、主の栄光を賛美することは感謝することと同じです。

「主よ／地のすべての王はあなたに感謝するでしょう。／……彼らは主の道について歌うでしょう。／主の栄光が大きいからです。」（詩一三八・四、五）

「御名が聖なるものに」ということは、すべての人々や王たちだけでなく、すべての被造物とともに神に栄光を帰すべきものとして造られたことを表しています。その啓示に背いたことが罪の根本原因であると指摘されているのです（ローマ一・二〇以下参照）。

「彼らは神を知っていながら、神を神としてあがめず、感謝もせず、かえってその思いはむなしくなり、その鈍い心は暗くなったのです。」（同一・二一）

旧新約時代の聖なる民

主なる神は、イスラエルの民に対して言われました。

「彼らはどの国々に行っても、わたしの聖なる名を汚した。人々は彼らについて、『この人々は主の民なのに、主の国から出されたのだ』と言ったのだ。わたしは、イスラエルの家がその行った国々の間で汚した、わたしの聖なる名を惜しんだ。」（エゼキエル三六・二〇、二一）

さらにさかのぼって、主はモーセにこう告げられました。

「あなたがたはわたしの命令を守り、これを行わなければならない。わたしは主である。わたしの聖なる名を汚してはならない。イスラエルの子らの間で、わたしは聖であることが示されなければならない。わたしはあなたがたを聖別する主である。」

（レビ二二・三一、三二）

以上のように、少しだけの引用ですが、イスラエルの民は主に聖別された者という意味で、「聖徒たち」と呼ばれています。聖徒そのものが道徳的、人格的に聖い者というより、神の選びと恵みによって聖徒とされているということです。詩篇八五篇八節に「御民」と「敬虔な人たち（聖徒）」とあるように、「聖徒」は神の民と同じ意味のことばです。ヘブル語では「カードーシュ」ということばで、「分かつ」「分離する」「聖なる者」という意味です。

新約聖書において、イエス・キリストを救い主として信じる人は、すでに聖とされています。「聖徒」と訳されているギリシア語は「ハギオス」ということばです。この訳は、ヘブル語のカードーシュから来ています。新約聖書に六十一回出てくることばです。ほとんど「キリスト者」の意味で訳されています。クリスチャンはすべて

「聖徒たち」なのです。このことは、私が二十五歳の時に書いた『いつ聖霊を受けるのか』（再版）第四章に詳しく書きました。

主イエスも、弟子たちに言われました。

「あなたがたは、わたしがあなたがたに話したことばによって、すでにきよいのです。」（ヨハネ一五・三）

また、主イエスは十字架の前夜、初めての聖餐式の後、天の父なる神に地上の最後の祈りをされました。まず、「真理によって彼らを聖別してください。あなたのみことばは真理です」（同一七・一七）と言われています。すでにご自分の民とされた弟子たちが、さらに聖くされて主ご自身に似る者とされるように、と祈られたのです。キリスト者の義認とともに聖化の教理が大切な理由はここにあります。

次に、「わたしは彼らのため、わたし自身を聖別します」（同一九節）と祈られました。主イエスは常に完全に聖く、罪がないお方ですから、この意味はご自身を祭司として、ご自分を犠牲としてささげるということです。テトスへの手紙に、「キリストは、私たちをすべての不法から贖い出し、良いわざに熱心な選びの民をご自分のものとしてきよめるため、私たちのためにご自分を献げられたのです」（二・一四）。それは「彼ら自身も真理によって聖別されるためです」（ヨハネ一七・一九）。

弟子たちが聖別される目的は、「彼らも一つになるためです」（同二一節）。つまり、教会の一致が保たれることを祈っておられます。主イエスを信じる者たちが、一つ心、一つ思いになり、教理、見解、実践において親密に一致して結びつくようにと祈っておられるのです。代々の教会は、この祈りに応えることの難しさを物語っています。私たちの教会も、この主にある一致を目指していきたいものです。

主は、聖徒たちに宿る罪の性質が主の教会を分裂させる危険性を知っておられました。分裂、分派の争いと言えばコリント教会を思い浮かべることでしょう。使徒パウロは、「コリントにある神の教会へ。……キリスト・イエスにあって聖なる者とされ、聖徒として召された方々へ」（Iコリント一・二）と呼び掛けています。なんという福音でしょうか。あの罪に穢《けが》れた、仲間割れしているコリントの教会のクリスチャンに対して、「聖徒」と呼んでいます。その理由はすでに説明しました。それは同じコリント人への手紙第一、一章三〇節に記されているのです。

「あなたがたは神によってキリスト・イエスのうちにあります。キリストは、私たちにとって神からの知恵、すなわち、義と聖と贖いになられました。」

ハレルヤ、私たちは主の聖なる民なのです。

むすび

「御名が聖なるものとされますように」という祈りは、聖なる神さまが恵みにより、信仰によって罪と死から救い出し、聖なるものとしてくださったことを認め、感謝することです。それは同時に、〝私たちが神を、実生活において聖なるお名前どおりに聖なる方と認め、服従することによって、だれの目にも神の聖なることがわかるようにさせてください〟という願いを込めた祈りなのです。

これは福音です。このような聖書の教えは、ほかの宗教にはありません。難行苦行を積んで、修養努力を重ねて救いに入るのではないのです。教会に来て、救いを求めておられる方は、このことを心にとめて信仰の決断の参考にしてください。

イエスさまを信じている方々は、すでに聖別されていることを確信しつつ、主に献身する決断をもって『教会福音讃美歌』三二四番「イエスよ、この身をきよめて」を、主にささげましょう。

一　イェスよ、この身をきよめて　わが心に住みたまえ　罪の汚れぬぐいさり
雪より白くしたまえ　わが心　洗いて　雪より白くしたまえ

四　イェスのみもとにひれふし　熱き祈りを捧げる　流れる主の血潮にて
わが罪をきよめたまえ　わが心　洗いて　雪より白くしたまえ

IV　御国が来ますように

御国が来ますように。
みこころが天で行われるように、
地でも行われますように。

マタイの福音書六章一〇節

24 今、私は、あなたがたのために受ける苦しみを喜びとしています。私は、
キリストのからだ、すなわち教会のために、自分の身をもって、キリストの
苦しみの欠けたところを満たしているのです。
25 私は神から委ねられた務めにしたがって、教会に仕える者となりました。
あなたがたに神のことばを、26 すなわち、世々の昔から多くの世代にわたっ
て隠されてきて、今は神の聖徒たちに明らかにされた奥義を、余すところな
く伝えるためです。

27 この奥義が異邦人の間でどれほど栄光に富んだものであるか、神は聖徒
たちに知らせたいと思われました。この奥義とは、あなたがたの中におられ
るキリスト、栄光の望みのことです。
28 私たちはこのキリストを宣べ伝え、あらゆる知恵をもって、すべての人
を諭し、すべての人を教えています。すべての人を、キリストにあって成熟
した者として立たせるためです。
29 このために、私は自分のうちに力強く働くキリストの力によって、労苦
しながら奮闘しています。

コロサイ人への手紙一章二四～二九節

はじめに

私の畏友であり、先輩である故・吉持章先生は手紙のあいさつ文に、いつも〝御国が来ますように〟と書き出しておられました。今回はこの祈りを味わいましょう。

先の祈りにおいて、御名が聖なるものとされることを祈りました。ところが現実はそのようになっていません。私たちの生活を正直に振り返ると、神を神らしく、父を父らしく真実に表すことが困難ではないでしょうか。社会全般を見わたして、いったいどこに神の名が聖く示されていると言えるでしょうか。残念ですが、この世は罪を犯し、悪魔の支配下にあり、サタンの王国の中にあるからです。ですから、神の国が来て、神の栄光があがめられるために第二の祈りをささげなければなりません。ですから、「御国が来ますように」と祈ります。

「神の国」とは「神の支配」

ギリシア語では、「国」はバシレイアで、バシレウス（王）ということばからきています。そこから、「（王の）支配」の意味を持ち、「その支配が及ぶ領域」という意味も持つようになりました。つまり、神の国の根本の意味は「神のご支配」ということです。マタイの福音書によれば、「天の御国」（新改訳２０１７）と訳されています。天は神ということばの代わりで、意味は神の国と全く同じです。マタイ六章九節のところで「天」について述べましたので、ここで繰り返すことはしません。

そこで、神の支配（神の国）について旧約聖書から見ていきましょう。「はじめに神が天と地を創造された」（創世一・一）と、聖書の第一声が放たれました。これは、創造主であられる神が常に全世界、全宇宙を支配されているという宣言です。二〜三節のように神が広大な宇宙を支配しているのでなかったら、おびただしい数の天体を創造することは不可能です。また、闇が大水の面の上にあり、神の霊がその水の面を動いていた。光を創造して闇の支配を分けられたのも、神の支配を表しているのです。

次に、詩篇による神の支配を見ていきます。神は万物の創造主として世界の王です。「まことに主は大いなる神。／すべての神々にまさって　大いなる王である。／地の深みは御手のうちにあり／山々の頂も主のものである。海は主のもの。主がそれを造られた。／陸地も御手が形造った」（詩九五・三〜五）とあります。詩篇九五篇は、礼拝における招詞として用いられてきました。礼拝に集う会衆に、朗々とこのことばが読み上げられるとき、会衆の心が整えられます。集まっては来たが、なお心に備えの足りない人は、「さあ　主に向かって　喜び歌おう。／私たちの救いの岩に向かって　喜び叫ぼう」（同一節）と聞かされて信仰が引き上げられます。また、あれこれ心悩ましく思い煩う人には、「感謝をもって　御前に進み／賛美をもって　主に喜び叫ぼう」（同二節）を重ねて聞き、さまざまな悩みから解き放たれて賛美の世界に導き入れられます。

そして三節の「すべての神々にまさって　大いなる王である」お方を告白するのです。それに続く「地の深みは主の御手のうちにあり／山々の頂も主のものである。／海は主のもの。主がそれを造られた。／陸地も御手が形造った。／来たれ。ひれ伏し膝をかがめよう。／私たちを造られた方　主の御前にひざまずこう」（同四〜六節）と、雄大な地球の景観をうたいあげます。

このように、創世記一章の創造の業は王なる神の御手が創造されたのです。当時、太陽を神としてあがめ、礼拝していた世界にあって、太陽も被造物であり、海も陸地も神の御手によって造られたというのです。

神の王権と神の主権

(1) 被造世界での主権

神のご支配を信じる信仰は、創造における神の主権を認めるだけではありません。すべてのものがその権威に服さなければなりません。

以下は、使徒パウロの霊感されたことばです。

「私たちには、父なる唯一の神がおられるだけで、この神からすべてのものは発し、この神に私たちは至るからです。また、唯一の主なるイエス・キリストがおられるだけで、この主によってすべてのものは存在し、この主によって私たちも存在するからです。」

（Iコリント八・六）

神の啓示による聖書的神学と、神の創造を信じない人間中心的思想・哲学は相容れない関係にあります。ここで、詩篇のことばに注目しましょう。

「王権は主のもの。／主は　国々を統《す》べ治めておられます。」（二二・二八）
「栄光の王　それはだれか。／万軍の主　この方こそ栄光の王。」（二四・一〇）
「まことに神は全地の王。／ことばの限りほめ歌を歌え。」（四七・七）

神は愛であり、義であり、聖である方です。そして何よりも、世界を支配しておられる「王」であることを詩篇は強調しています。その王の御国が来ますようにと祈るのは、もっともで、火急の祈りなのです。

⑵ 個人的な生活における主権

しかし、神の国の王権が第一となり、神の主権が至高の命題になることは、個人的な生活において求められています。私たち民主国家に住んでいる者にとって、王国という実感を持つことは困難です。王は、支配すべき王国を持ち、主権者であります。したがって、「御国が来ますように」という祈りは、「天地の支配者であられ、その権威が全宇宙において完全で最高であられる方、私たちの父なる神さま。地上の人間である私たちの心の中にもあなたの主権を打ち立たせてください。そしてついには、地上の世界もすべてそのようにしてください」という意味を持っています。

この祈りは、どんな人によってでも日々数限りなく繰り返されている簡単なことばですが、大多数の人たちは、自分の生活の主権を神に明け渡すのに全く乗り気ではないのです。私たちは、自分の内面的な意思や心の王座を、「栄光の王」に譲り渡す気が毛頭もないのではありませんか。

私たちが自分の人生を振り返ってみれば、子どもの時代から自分は自分の城の王であると信じ込んできました。自分自身が自分の運命や計画を決定し、実行するのは当然のことのように思っていました。自分の生活を支配するのはあくまでも自分自身であり、生活の全部が自分の周りを回っているのです。それがなぜいけないのかという思いを持っています。神なき人生の中心は自分自身であって、それが自己中心的な生き方であるのは当然の権利であるというわけです。

しかし、イエス・キリストを救い主として心に迎え入れるとき、自分の王国が崩れます。聖書によれば、その霊的経験を「新生の恵み」と言います。ヨハネの福音書に、「風は思いのままに吹きます。その音を聞いても、それがどこから来てどこへ行くのか分かりません。御霊によって生まれた者もみな、それと同じです」(三・八)とあるように、聖霊は、私たちの思いを超えて、そのみこころに従って、人を新たに生まれさせられます。それは風を操ることのできる人がいないのと同じです。聖霊は、まったく主権的なお方です。

使徒パウロは、その事実を忘れたかのように身勝手にふるまうクリスチャンたちに言いました。

「あなたがたは知らないのですか。あなたがたのからだは、あなたがたのうちにおられる、神から受けた聖霊の宮であり、あなたがたはもはや自分自身のものではありません。あなたがたは、代価を払って買い取られたのです。ですから、自分のからだをもって神の栄光を現しなさい。」　（Ⅰコリント六・一九、二〇）

私たち、イエス・キリストを信じた者たちの所有者であり主権者は、主の御霊です。内住のキリストの御霊です。したがって、「御国が来ますように」という祈りを教えてくださったとき、生ける神の御霊が、人間の心を聖なる住家とするため、新生のときに入ってこられることを、パウロは思い浮かべていたのです。それは、内住する御霊によって支えられ支配されるときにのみ、神のみこころが地上になされることを知っていたからです。私たちは、その事実に目を開かれ、自分自身を明け渡して御霊に主権を譲り渡すことを決断いたしましょう。

神の国の到来――「すでに」と「いまだ」

(1)「すでに」到来

神の国は「すでに」来ています。主イエスが福音書で語られたことを多く記しています。まず、マタイの福音書を開きます。

「この時からイエスは宣教を開始し、『悔い改めなさい。天の御国が近づいたから』と言われた。」（四・一七）

「バプテスマのヨハネの日から今に至るまで、天の御国は激しく攻められています。そして、激しく攻める者たちがそれを奪い取っています。」（一一・一二）

「しかし、わたしが神の御霊によって悪霊どもを追い出しているのなら、もう

神の国はあなたがたのところに来ているのです。」（一二・二八）

使徒パウロの弟子、医者ルカは同じ出来事をこのように記しています。

「しかし、わたしが神の指によって悪霊どもを追い出しているのなら、もう神の国はあなたがたのところに来ているのです。」（ルカ一一・二〇）

悪霊を追い出す神の御霊の働きを、ルカは「神の指によって」と記録しています。エジプト脱出の奇跡の場面で、呪法師たちがファラオに「これは神の指です」（出エジプト八・一九）と言ったことばを、主イエスが引用されたのでしょう。つまり、悪魔はエジプトのファラオの国家権力に匹敵する権力があり、それに対して主イエスが打ち勝ったことを示しています。それは、神の国の権威です。

また、マルコの福音書も、マタイと同様に主イエスの公生涯の最初のことばを記しています。

「時が満ち、神の国が近づいた。悔い改めて福音を信じなさい。」
（マルコ一・一五）

「『見よ、ここだ』とか、『あそこだ』とか言えるようなものではありません。見なさい。神の国はあなたがたのただ中にあるのです。」
（ルカ一七・二一）

使徒パウロは、「平和の神は、速やかに、あなたがたの足の下でサタンを踏み砕いてくださいます」（ローマ一六・二〇）、「また、神はすべてのものをキリストの足の下に従わせ、キリストを、すべてのものの上に立つかしらとして教会に与えられました」（エペソ一・二二）と宣言しています。創世記三章の人間の堕罪によって悪魔は神に背き、人間を支配しているのですが、すぐそのあとの聖書のテーマは、神の国がサタンの国に対して反撃を開始しているのです。まさに、神の国は主イエスにおいて、すでに来ています。

(2)「いまだ」到来せず

一方、神の国は「いまだ」来ていません。また、神の国は「未来に」やって来るのです。神の国は未来において完全に実現されるものとして聖書に記されています。それは、今は悪が多く支配しているように見えるこの世ですが、霊の目で見るときには今も神の支配はなされているということでした。しかし、将来において完全に神が支配する時が来ると言われています。それは、主イエスご自身が世の終わりに関して教えておられます。主の祈りにあるように、「御国が来ますように。みこころが天で行われるように、地でも行われますように」（マタイ六・一〇）、神の国はすでに主イエスを信じ悔い改めて神に従う心の中に来ています。しかし、主イエスは世の終わりに全世界が裁かれ、信じる者が天の御国に入れられる終末的で、客観的な神の国の到来を待ち望むように祈ることを教えておられます。

「わたしはあなたがたに言います。あなたがたは今から後に、人の子が力ある方の右の座に着き、そして天の雲とともに来るのを見ることになります。」

（マタイ二六・六四）

この箇所の「人の子」とはキリストのことであり、未来のある時にキリストが、神の力をもって来ると言われています。そしてその時にすべての悪が裁かれて、究極的な神の国が実現するのです。主イエスの終末預言の箇所を味わってください。

「人の子は、その栄光を帯びてすべての御使いたちを伴って来るとき、その栄光の座に着きます。……それから王は右にいる者たちに言います。『さあ、わたしの父に祝福された人たち。世界の基が据えられたときから、あなたがたのために備えられていた御国を受け継ぎなさい。』」（マタイ二五・三一、三四）

主イエスの地上での働きの最大の関心事は神の国でした。主の祈りは、神の国の祈りだったのです。神の国をこの地にもたらし、神の国について教え、その人格と働きにおいて神の国を示されました。神の国の建設の使命は、キリストのからだである各地域教会に与えられている責任です。主の教会はすべての領域においてこの世に奉仕するために、福音を宣べ伝え、みことばを教え、愛のわざに励むのです。このような包括的な奉仕をするキリストのからだであることを、主イエスは求めておられます。

⑶「すでに」と「いまだ」のはざまで

また、キリストの再臨において自然界も贖われることが約束されています。この項を終わるにあたり、神の国の「すでに」と「いまだ」のはざまに置かれていることを忘れないように確認しましょう。神の国の到来した「すでに」の今も、未来に約束されている神の国の「いまだ」を待ち望む今も、神の国に生かされていることを固く確信いたしましょう。

神の国の「すでに」と「いまだ」のはざまに置かれている私たちは、平安をいただきつつも悩み、悶える苦しみを味わうことを覚悟しなければなりません。「御国が来ますように」との祈りを真実にささげる者は、自分自身も御国の到来のためにできる限りの努力を払わなければいけないのです。

日本のキリスト教会の有名な指導者であった植村正久牧師が、神学校の卒業式で語ったことばがあります。「食べたいだけ食べて、眠りたいだけ眠って、神の国が来ると思うのか」ということばです。伝道者に召され、伝道者として遣わされる若い伝道者たちに、食べる時間を惜しみ、寝る時間を惜しんで神のために働きなさいという訓示であったのでしょう。また、その訓示を受け、若き伝道者たちは「神の国のために働く同労者」（コロサイ四・一一）として勇んで立ち上がったことでしょう。そして、日々自分自身を吟味して歩み続けたことでしょう。

私の献身した当時には、植村先生の叱咤激励はかろうじて共感できたのですが、時代の変遷の中で、現代には通じない勧めかもしれません。しかし、先人たちの伝道者の苦しみを少しでも聞きかじった私たち世代には、教えられることばです。現代の若き伝道者が、心にとめてくだされればとの老婆心でもあります。

個人的な生活において、神の国の主権者であられる生ける神の御霊を悲しませたり、立腹させたりすることがないように努めましょう。食べるものも飲むものも「いと高きお方」の宮を汚すことがないようにするでしょう。読むものや、見る楽しみにも注意深くなるでしょう。人との交わりにおいて、主がともにおられることをいつも意識することでしょう。私たちの知性と感性と意志のうちにある神の国に、悪しき侵入者を拒み続ける警戒心を持ち続けましょう。霊とからだと心のすべての領域において、「神の国の支配」が揺るぐことがないように決意しましょう。それが「御国が来ますように」と祈ることです。

むすび

この祈りが心からなされるとき、自分を捨て、十字架を負い、福音に仕えることができる力をいただくのです。

「今、私は、あなたがたのために受ける苦しみを喜びとしています。私は、キリストのからだ、すなわち教会のために、自分の身をもって、キリストの苦しみの欠けたところを満たしているのです。」

（コロサイ一・二四）

苦しみさえ喜べるその力は、聖霊による喜びです。

「なぜなら、神の国は食べたり飲んだりすることではなく、聖霊による義と平和と喜びだからです。」

（ローマ一四・一七）

言い換えれば、私のいのちの支配者であられる神さまは、義と平和と霊的な喜びが日々湧き上がる霊的状態を与えてくださいます。使徒パウロは勧めます。

「いつも主にあって喜びなさい。もう一度言います。喜びなさい。」

（ピリピ四・四）

こういうわけで、尊敬してやまない故・吉持章先生は、いつもその手紙の冒頭に〝御国が来ますように〟と書いておられたと思うのです。

応答の祈りとして、『教会福音讃美歌』四三一番をささげましょう。

一　この世の嘆きと　悩みを越えて
たえなる歌声　天よりひびく
涙のときにも　心にとどく
み歌にあわせて　主をほめ歌う

三　心を上げれば　光がさして
主にある歩みを　導き照らす
主イエスがくださる　平和をいだき
喜び満たされ　主をほめ歌う

V　みこころが天で行われるように

御国が来ますように。
みこころが天で行われるように、
地でも行われますように。

マタイの福音書六章一〇節

4 すなわち神は、世界の基が据えられる前から、この方にあって私たちを
選び、御前に聖なる、傷のない者にしようとされたのです。
5 神は、みこころの良しとするところにしたがって、私たちをイエス・キ
リストによってご自分の子にしようと、愛をもってあらかじめ定めておられ
ました。
6 それは、神がその愛する方にあって私たちに与えてくださった恵みの栄
光が、ほめたたえられるためです。

7このキリストにあって、私たちはその血による贖い、背きの罪の赦しを
受けています。これは神の豊かな恵みによることです。
8この恵みを、神はあらゆる知恵と思慮をもって私たちの上にあふれさせ、
9みこころの奥義を私たちに知らせてくださいました。その奥義とは、キリ
ストにあって神があらかじめお立てになったみむねにしたがい、10時が満ち
て計画が実行に移され、天にあるものも地にあるものも、一切のものが、キ
リストにあって、一つに集められることです。
11またキリストにあって、私たちは御国を受け継ぐ者となりました。すべ
てをみこころによる計画のままに行う方の目的にしたがい、あらかじめその
ように定められていたのです。

エペソ人への手紙一章四～一一節

はじめに

主の祈りの第三の祈りの前半を見ていきます。この祈りにおいて、主イエスが私たちに教えようとしておられることは次のようです。それは私たちが、天の御国でみこころが行われているのと同様に、この地では神のみこころが完全に行われていないことを認め嘆きつつ、何とかしてみこころをこの地の上で実現しようとする強い願いであり、決意の祈りです。第三の祈りは前半と後半に分けてお話しします。この前半の祈りは三つの内容を持っています。まずそれを順番に味わっていきましょう。最初に「神のみこころ」そのものについて、次に「神のみこころの捉え方」について、最後に「天」とは何を指しているかを心にとめて祈るためにみことばを味わいましょう。

神のみこころとは何か

(1) 自然界にみる神の意図

神のみこころとは、簡単に言えば「神の意図」であると言えるでしょう。それは、神がしようと思われることであり、神が計画を立てようとされることなのです。神はその計画の実現を願っておられます。その計画と目的は全宇宙を貫き、包含する広大無辺さを持っています。しかもその壮麗さと精密さは、人知をはるかに超えて偉大です。私たち人類は宇宙の無限の広がりと、壮麗さに目を奪われてしまうのです。「天は神の栄光を語り告げ／大空は御手のわざを告げ知らせる」（詩一九・一）と詩人が歌い上げたように、主なる神は預言者により、その口を通して語られました。

「あなたがたは目を高く上げて、だれがこれらを創造したかを見よ。この方はその万象を数えて呼び出し、一つ一つ、その名をもって呼ばれる。この方は精力に満ち、その力は強い。一つも漏れるものはない。」（イザヤ四〇・二六）

また一方、原子核内部の微細な仕組みにおいて、創造のわざがあらわにされており、自然界の生物学的体系の中に驚くべき生命の神秘を見せてくれるのです。そして、有機物と無機物の世界を支配し、膨大で複雑な化学的相互作用の不思議さの中に私たちを誘います。神はすべてのものの「作者」であり、「所有者」であられるお方です。「創造主」なるお方です。私の大好きな詩篇一三九篇を語らずにおれません。私のというより、代々の聖徒が詩篇の名篇として称える、詩聖ダビデの賛歌です。構想雄大、詩想緻密、かのユダヤ人律法学者アベン・エズラが、この詩篇を「詩篇の冠」と評したのも納得できます。神の全知、偏在、全能を歌います。その第三段落は、「あなたこそ　私の内臓を造り／母の胎の内で私を組み立てられた方です」(一三節)という、人間出生の奇しい神のみわざの秘密に目を向けさせます。母体という暗い宮殿の中で、五臓六腑、数えきれない骨々と細胞が組み立てられていきます。しかも、その人固有の魂も造られます。このような創造主の意図を「みこころ」というのです。

(2) 神は人格を備えておられる

神は人格のすべての属性を持っておられる一人の「お方」ですから、父なる神は知性を持っておられるのです。「さあ、来たれ。論じ合おう」(イザヤ一・一八)と呼び掛け、「あなたが正しいとされるために、あなたのほうから申し立てよ」(同四三・二六)と、論争を挑まれます。「わたしの思いは、あなたがたの思いと異なり、あなたがたの道は、わたしの道と異なるからだ」（同五五・八）と主張され、そのおことばは、新約聖書のローマ人への手紙において実現したのです。

「ああ、神の知恵と知識の富は、なんと深いことでしょう。神のさばきはなんと知り尽くしがたく、神の道はなんと極めがたいことでしょう。」
（ローマ一一・三三）

神は感情もお持ちです。

「慰めよ、慰めよ、私の民を。」
（イザヤ四〇・一）

「久しく、わたしは黙っていた。静かにして自分を抑えていた。今は、子を産む女のようにうめき、激しい息づかいであえぐ。」
（同四二・一四）

まさに神は感じられるのです。愛し、同情し、あわれまれます。喜び、悲しみ、涙し、怒り、嘆かれます。そして、神は意志を持っておられます。それによって決断し、選択し、決意をし、計画をされます。

「わたし自身、あなたがたのために立てている計画をよく知っている。」

（エレミヤ二九・一一）

先ほどの詩篇一三九篇一七節に「神よ　あなたの御思いを知るのは／なんと難しいことでしょう。／そのすべては　なんと多いことでしょう」と、ダビデは驚嘆しつつ歌います。この詩人は最後に祈ります。

「神よ　私を探り　私の心を知ってください。／私を調べ　私の思い煩いを知ってください。／私のうちに　傷のついた道があるかないかを見て／私をとこしえの道に導いてください。」

（同二三、二四節）

偉大な王であり詩人であるダビデは、彼自身、王の王、主の主、それにもまして、聖にして生ける神のさばきの座にある罪人であることを自覚していたのです。

(3) 神のみこころによる人類の救い

新約聖書は、罪の赦しのご計画は、神のみこころによると伝えてくれます。その計画はいつからでしょうか。

「すなわち神は、世界の基が据えられる前から、この方にあって私たちを選び、御前に聖なる、傷のない者にしようとされたのです。」（エペソ一・四）

さらに、そのご意志と動機を続く五節に述べておられます。「神は、みこころの良しとするところにしたがって、私たちをイエス・キリストによってご自分の子にしようと、愛をもってあらかじめ定めておられました。」人類の救いの動機は愛でした。罪を赦す方法もあわせて教えておられます。

「このキリストにあって、私たちはその血による贖い、背きの罪の赦しを受けています。」（同七節）

「これは神の豊かな恵みによることです」と同じ七節にありますが、その前の六節にみこころの究極的目的が述べられていました。神の「恵みの栄光が、ほめたたえられるためです」とあります。このことは、究極の目的ですから、一二節と一四節に繰り返し述べられています。エペソ人への手紙一章に三回も続けざまに強調されています。なぜでしょうか。

「すべてをみこころによる計画のままに行う方の目的にしたがい、あらかじめそのように定められていたのです。」（同一一節）

神のみこころによる恵みによって救われた私たちが神を信頼するとすれば、その信頼は神の人格の上に置かれなければなりません。それは、神の知性と、感情と、意志の上に置くということです。私が若い時に献身をし、自分を神に明け渡す決意ができたのは、以上のような神のみこころを知ったからでした。

「ああ、神の知恵と知識の富は、なんと深いことでしょう。神のさばきはなんと知り尽くしがたく、神の道はなんと極めがたいことでしょう。『だれが主の心を知っているのですか。だれが主の助言者になったのですか。だれがまず主に与え、主から報いを受けるのですか。』すべてのものが神から発し、神によって成り、神に至るのです。この神に、栄光がとこしえにありますように。アーメン。」

（ローマ一一・三三〜三六）

神のみこころを知るために

(1) 良心を通して

私たちはどのようにしたら神のみこころを知ることができるのでしょうか。それはおもに良心、聖書、聖霊の導きの三つを通して知ることができるのです。使徒パウロは、異邦人に対してこのように述べています。

「律法を持たない異邦人が、生まれつきのままで律法の命じることを行う場合は、律法を持たなくても、彼ら自身が自分に対する律法なのです。彼らは、律法の命じる行いが自分の心に記されていることを示しています。」
（ローマ二・一四、一五）

すべての人は自分自身に与えられた心、つまり良心の働きによって神さまのみこころを知ることができるというのです。これが一番目の良心の働きです。使徒パウロによれば、良心とは人が自分の行為に対する反省的作用として働くものであるというのです。神から離れてしまった人間も、神に応答するために与えられた道徳的本性を持っているのです。さらに付け加えれば、良心は神のかたちにしたがって造られた人間に不可欠の構成要素です。

しかし、アダムが神に背いて堕落してから、良心は欠陥を持つようになりました。新約聖書によれば、良心は無感覚になり（エペソ四・一九）、麻痺し（Ⅰテモテ四・二）、汚れてしまうのです（テトス一・一五）。良心は完全なものではなく、主イエスに救われたものは自分の良心をきよめ、ますます鋭敏なものとする責任が与えられています。

「キリストが傷のないご自分を、とこしえの御霊によって神にお献げになったその血は、どれだけ私たちの良心をきよめて死んだ行いから離れさせ、生ける神に仕える者にすることでしょうか。」（ヘブル九・一四）

⑵ 聖書によって

しかし、それ以上に私たちは聖書を通して神さまのみこころを知ることができます。なぜなら、聖書は神さまのみことばであり、私たちに対する愛の手紙であって、これこそ神さまのみこころをはっきりと知る道なのです。ですから私たちは聖書を日々読むことによって、神さまのみこころを知ることができます。そこにディボーションの大切な理由があります。

礼拝メッセージも、個人的なディボーションも、クリスチャン同士の霊的な交わりも、聖書に基づいていなければ、神さまのみこころを知ることはできません。聖書から外れた説教は厳に慎まなければなりません。また、聖書抜きの個人的瞑想も神秘主義の独りよがりの危険性があります。そして、聖書に基づかない信仰者グループの交わりは、どんなに楽しくても人間的フェローシップにすぎません。旧約の神の民イスラエルも神のことばに導かれました。

「私の民よ　私の教えを耳に入れ／私の口のことばに耳を傾けよ。……主はヤコブのうちにさとしを置き／イスラエルのうちにみおしえを定め／私たちの先祖に命じて／その子らに教えるようにされた。」
（詩七八・一、五）

新約聖書も、大切な信仰生活の規範がどこにあるかを述べています。

「聖書はすべて神の霊感によるもので、教えと戒めと矯正と義の訓練のために有益です。神の人がすべての良い働きにふさわしく、十分に整えられた者となるためです。」
（Ⅱテモテ三・一六、一七）

⑶ 聖霊の導き

三つ目に、聖霊の導きによって神さまのみこころを知ることについて述べましょう。これは二番目の聖書と深く関わっています。主イエスは言われました。

「その方、すなわち真理の御霊が来ると、あなたがたをすべての真理に導いてくださいます。」

（ヨハネ一六・一三）

同じ一六章八節で、聖霊は罪と義とさばきについて明らかにするというのです。ローマ人への手紙は、イエスを主と信じるすべての人は神の子であり、御霊の導きを受けていると断言しています（八・九〜一六参照）。私たちは御霊の導きによって、神の子とされたのです。私たちが神を「アバ、父」（同八・一五）と呼べるのは、心に御霊が与えられたからです。

「神の御霊によって語る者はだれも『イエスは、のろわれよ』と言うことはなく、また、聖霊によるのでなければ、だれも『イエスは主です』と言うことはできません。」

（Ⅰコリント一二・三）

原則として、信仰生活の中で神のみこころを求めるとき、安易な回答も特別な啓示もありません。神の声とか虫の知らせとか、何かの兆しを求めたがる人がいます。そのような導きは非常に危険です。異教的な偶像宗教の名残が残っている可能性があります。聖霊は聖書を与えてくださいました。聖書には命令があり、避けるべき悪い例が教えられ、主イエスと使徒たちの教えや実例などがあります。その原則に照らして、直面している問題に適用できるように祈らなければなりません。聖霊に頼りながら、聖書を全力を尽くして調べ、問題を研究し、信頼できる人々と話し合い、助言を求め、可能な限り情報を集めます。こうした中で、聖霊は私たちを真理に導いてくださいます。そして、最後に神さまの摂理の御手にゆだねて決断するのです。もちろん、結果もその愛の御手にゆだねるのです。「わたしが望むようにではなく、あなたが望まれるままに、なさってください」（マタイ二六・三九）と言われた主に倣って。

「天」について

(1) 天の父との親しい交わり

マタイ六章九節で「天にいます私たちの父よ」について述べたときに、「天」の持つ意味についても触れました。そこでは、天で支配しておられる創造の主は全知全能の力ある神で、地上の被造物のような時間空間の制限を受けない方であることを強調しました。つまり、神さまの超越性を表す祈りであると言いました。しかしこの一〇節では、私たち造られた人間をご自身に似た者としてくださり、私たちのすぐ近くにおられて、私たちと交わってくださるお方であることを教えておられます。聖なる三位一体の神と、主に贖われた聖徒の交わりは究極的なものです。それは、永遠に続く完全な関係です。新約聖書が天を「聖なる都」（黙示二一・二）、食卓・「天の御国でアブラハム、イサク、ヤコブと一緒に食卓に着きます」（マタイ八・一一）、および天上で礼拝する民（ヘブル一二・二二〜二四）として示しているのは、天の御父との限りなく密接な喜ばしい親しい交わりであることを描写しているのです。

私たちは、地上の礼拝において天の御父と親しく交わり、救いの神の下さった福音にあずかり、説教と聖餐によって「聖なるものにあずかる」交わりに招かれています（『福音に仕える教会』一六頁）。

(2) 聖徒の交わり

その交わりは、すでに地上における聖徒の交わりとして使徒信条に告白されていますが、使徒ヨハネも晩年の手紙で満ちあふれる喜びとして告白しています。

「私たちが見たこと、聞いたことを、あなたがたにも伝えます。あなたがたも私たちと交わりを持つようになるためです。私たちの交わりとは、御父また御子イエス・キリストとの交わりです。」（Ⅰヨハネ一・三）

その交わりが完全で確かな状態となり、天の栄光の一部分となるのです。ヨハネはその交わりが満ちあふれる喜びであると続く四節に述べています。

ですから、その交わりが完成したものとなる天では、聖徒たちは、父と御子が近くあられるように、ともにいることを喜び合えるのです。

「見よ、神の幕屋が人々とともにある。神は人々とともに住み、人々は神の民となる。神ご自身が彼らの神として、ともにおられる。」（黙示二一・三）

なんという幸いでしょうか。「ともにおられる」まさに、これこそが存在の喜びです。しかも永遠のいのちであられるインマヌエルの主との交わりです。

主は、十字架前夜にこのことを祈っておられました。

「父よ。あなたがわたしのうちにおられ、わたしがあなたのうちにいるように、すべての人を一つにしてください。彼らもわたしたちのうちにいるようにしてください。あなたがわたしを遣わされたことを、世が信じるようになるためです。」

（ヨハネ一七・二一）

よく、三位一体の神がわからないと言う人がおられますが、まさに、みことばを素直に味わえば三位一体が確かな真理であることは、当然のことと思えてくるでしょう。しかもそれは、聖霊によって明らかにされています。

「御霊はわたしの栄光を現されます。わたしのものを受けて、あなたがたに伝えてくださるのです。」

（同一六・一四）

(3) 昼となく夜となく

愛唱讃美歌は数多くありますが、信仰の初めから大好きな讃美歌の一つを歌いたくなります。『讃美歌』五三二番です。

一　ひとたびは死にし身も　主によりて今生きぬ
み栄えの輝きに　罪の雲消えにけり
※昼となく夜となく　主の愛に守られて
いつか主に結ばれつ　世にはなき交わりよ
二　主の受けぬ試みも　主の知らぬ悲しみも
うつし世にあらじかし　いずこにもみあと見ゆ
※（繰り返し）
三　昼となく夜となく　主は共にましませば
癒やされぬ病なく　幸ならぬ禍《まが》もなし
※（繰り返し）

歌詞の一言一言が心にしみる思いでした。主イエスとの霊の交わりであり、兄弟姉妹の信仰の交わりがこの賛美にありました。この賛美が『聖歌』六〇九番では訳が変わっています。

一　一度死にしわれをも　イエスは生かし給えり
　　咎と罪の代わりに　新たなるいのちあり

聖歌の特色で、現代的用語で歌われます。身近に感じます。しかし、それ以上に、味わい深いのは折返しです。

　　時の間《ま》をも惜しみて　君はわれと語ろう
　　君はわれを放たず　われはまた主にぞつく

讃美歌、聖歌それぞれに「主イエス」と「聖徒」の交わりのすばらしい極致です。

二　流れ落つる涙も　肩に担う荷物も
　　君は知りて憐れみ　愛の御手伸べ給う
三　うめき叫ぶ夜はなし　罪と縁《えにし》断ちし身
　　御座に近く安らい　天つ歌常に聞く

四　病める我に手を置き　弱きところ強くし
　　禍《まが》に幸に励ます　主イエスこそ神にませ

そこに、『教会福音讃美歌』（三一二番）が加わりました。西大寺教会は賛美同好会があります。時によって、同じ曲を違う歌詞で歌い比べます。それぞれに趣があり、歌い手の好みもさまざまです。『教会福音讃美歌』は、日本語の変化に応じ、青年層や新来会者にもわかりやすく、味わい深い訳になりました。

一　主とともに罪に死に　主とともに生かされて
　　やがて主の輝きと　主の愛につつまれる
　※移りゆくときの間《ま》も　主の愛に守られて
　　　み栄えの輝きを　日々あおぎ　待ちのぞむ
二　誰も知らぬ悩みも　ひとり担う重荷も
　　むくわれぬ悲しみも　すべて主の御手にある
三　心痛むときにも　涙流すおりにも

主のものとされた身は　主の愛にみたされる
四　弱るときに見守り　病むときは御手をおき
よろこびも悲しみも　主はともに担われる

賛美は祈りであり、信仰告白であり、宣教のことばです。いつの時代も、昼も夜も主の霊に満たされて、歌い継いでまいりましょう。主はイスラエルの賛美の上に座しておられるのですから。

むすび

私たちが今まで「主の祈り」で教えられてきたように、私たちの祈るべき祈りは、自分のことではありません。何よりも先に、神の御名、神の御国、神のみこころのために祈ることでした。これが、主の祈りの前半の祈りでした。ですから、多くの場合、祈りが聞かれないとの嘆きや疑問があるのですが、それは問題ではありません。私たちの祈りが叶えられようが叶えられまいが、本来の祈りが神のために祈るのですから、自分の祈りの答えを要求するのはお門違いと言えるでしょう。自分の祈りが叶えられなくても、神さまご自身がお喜びになるということのために祈る、そのような祈りをまず第一にしましょう。神の御名、神の国、神のみこころのためにこそ祈りましょう。主イエスさまは、神のみこころを愛することの模範を示されました。

「わたしがわたしの父の戒めを守って、父の愛にとどまっているのと同じように、あなたがたもわたしの戒めを守るなら、わたしの愛にとどまっているのです。」

（ヨハネ一五・一〇）

神を愛することは神に従うことです。それは、神のみこころを行うことです。それは地にわずかであっても天を持つことになります。

「わが神よ　私は／あなたのみこころを行うことを喜びとします。／あなたのみおしえは／私の心のうちにあります。」

（詩四〇・八）

VI　みこころが地でも行われますように

御国が来ますように。
みこころが天で行われるように、
地でも行われますように。

マタイの福音書六章一〇節

1 主からエレミヤに、このようなことばがあった。
2「立って、陶器師の家に下れ。そこで、あなたにわたしのことばを聞かせる。」
3 私が陶器師の家に下って行くと、見よ、彼はろくろで仕事をしているところだった。
4 陶器師が粘土で制作中の器は、彼の手で壊されたが、それは再び、陶器師自身の気に入るほかの器に作り替えられた。

5 それから、私に次のような主のことばがあった。
6 「イスラエルの家よ、わたしがこの陶器師のように、あなたがたにするこ
とはできないだろうか――主のことば――。見よ。粘土が陶器師の手の中に
あるように、イスラエルの家よ、あなたがたはわたしの手の中にある。
7 わたしが、一つの国、一つの王国について、引き抜き、打ち倒し、滅ぼ
すと言ったそのとき、8 もし、わたしがわざわいを予告したその民が立ち返
るなら、わたしは下そうと思っていたわざわいを思い直す。
9 わたしが、一つの国、一つの王国について、建て直し、植えると言った
そのとき、10 もし、それがわたしの声に聞き従わず、わたしの目に悪である
ことを行うなら、わたしはそれに与えると言った幸せを思い直す。

エレミヤ書一八章一～一〇節

はじめに

主の祈りの前半を終わるにあたり、この祈りに流れている一貫したテーマがあることを確認しましょう。「御名が聖なるものとされますように」は、神の国の準備についてでした。「御国が来ますように」は、神の国の来臨に関わることでした。そして「みこころが天で行われるように、地でも行われますように」という祈りは、神の国の成就についてでした。一貫したテーマとは、「神の国」だったのです。

この祈りの箇所は、前半の三つ目の祈りであり、前回の祈りとセットになっています。「天で行われる」ということは、完全にあなた（神）のみこころが行われている、あなたの御国におけるのと同じように、あなたに背く矛盾と問題だらけの、この世の現実の生活においても、あなたのみこころが完全に行われますように、ということです。

「地でも」とは

(1) 教会は「世」に遣わされ、この地に置かれている

その現実の世界を、「地でも」と言っています。そしてこの地は、神を離れ、神を信じない不信仰な人々だけの世界ではありません。そのような世界のために、神さまは救い主をお送りくださいました。

「神は、実に、そのひとり子をお与えになったほどに世を愛された。」

(ヨハネ三・一六)

神さまが愛されたのは、ご自身に背いている「世」なのです。その「世」が、ここで祈る「地でも」に当たります。しかし、この「地」の中に、神の救いに入れられ神の子どもとされたクリスチャンが含まれているのです。

ここでも、主イエスの地上での最後の祈りを聞きましょう。

「わたしはもう世にいなくなります。彼らは世にいますが、わたしはあなたのもとに参ります。」（ヨハネ一七・一一）

この後さらに、「わたしがお願いすることは、あなたが彼らをこの世から取り去ることではなく、悪い者から守ってくださることです」（同一五節）。さらに続けて一八節で祈られました。

「あなたがわたしを世に遣わされたように、わたしも彼らを世に遣わしました。」

この世は、主と主に選ばれた主の民を憎みます。

「世があなたがたを憎むなら、あなたがたよりも先にわたしを憎んだことを知っておきなさい。もしあなたがたがこの世のものであったら、世は自分のものを愛したでしょう。しかし、あなたがたは世のものではありません。わたしが世か

らあなたがたを選び出したのです。そのため、世はあなたがたを憎むのです。」（同一五・一八、一九）

ですから、十字架の死に先立って弟子たちに「世にあっては苦難があります。しかし、勇気を出しなさい。わたしはすでに世に勝ちました」（同一六・三三）と告げられたのです。「みこころが天で行われるように、地でも行われますように」と祈るとき、どのような困難があっても決して失望することなく、努力する勇気が湧いてくるではありませんか。

⑵「地にある教会」が教会になるために

ところで、ある人々は、「教会はクリスチャンの集まりだから問題は少ない」と思っています。それは、「現実の社会はそのように甘い世界ではない」という見方からくる考えです。そのような人々は、教会とは、非現実的な浮世離れした別世界だと思っていないでしょうか。私の考えは違います。「教会は罪人の集まりです。しかも、罪赦された罪人の集まりです」という考え方を持っています。

クリスチャンは罪を赦されていても、罪人出身です。まだ罪を犯してしまう現役の罪人でもあるのです。要は、この地上の教会には、悲しいけれども問題があるということです。地上の教会には罪があり、時に愛の美名のもとに、罪が覆われてしまう危険性もあります。主に贖われた主の教会をおとしめる気は毛頭ありませんが、現実を直視しなければなりません。新約聖書の教会は、そのような現実を赤裸々に伝えているではありませんか。大切なことは、問題があること自体が問題ではなく、それをどのように聖書的に解決できるかどうかが問われているのです。このような罪の残っている地上の教会も含めて、主の祈りをささげましょう。

(3) 西大寺での教会形成をふりかえって

主の祈りは、この問題の多い地上においても神のみこころが完全に行われるように祈って努力していかなければならないことを教えてくれます。この祈りは、「みこころが天で」と祈る祈りとセットだと言いました。天においてみこころが完全に行われるように「地でも」というのです。私たちは無意識のうちに、「神に完全に従うことはあり得ない」と思っていないでしょうか。そんな私たちに、主イエスさまはあきらめないで、「みこころが天で行われるように、地でも行われますように」と祈らせておられるのです。それは、「あなたがたの天の父が完全であるように、完全でありなさい」という、マタイの福音書五章四八節の命令と同じ意味でしょう。

私たちに大切なことは、完全であるかどうかではなく、かなわぬまでも完全を目指しつつ、必死になって努力しているかどうかが問われているのです。この祈りは、どのような困難があっても決して失望することなく、神のみこころが完全に成し遂げられるように努力し続けることを示していないでしょうか。

今、九十年の歴史を数える地方教会西大寺での、私の五十年におよぶ教会形成を振り返って思うことは、一冊の本です。成人科テキストで学んだ『教会生活の処方箋』(日本キリスト教団出版局)です。静岡草深教会で牧会された辻宣道先生の著書です。「信徒の友」誌連載をまとめた本です。日本基督教団議長の要職も務められた先生の牧会の現場の経験をもとに、教会の問題を率直にあぶりだし、歯に衣を着せない直言で語り掛けておられます。「教会を教会にするための処方箋」です。

戦時中、獄中で殉教されたお父さまの牧会を振り返り、聖書的な教会形成を追い求めた苦闘の秘訣が、地方の、裸祭りの町西大寺の主の群れを建て上げる指針となりました。この地で神の教会を建て上げる使命を果たすために、私たちも歩んできたのです。

その目次の概略を申し上げます。①教会形成への目覚め、②教会が教会になるとき、③教会のいのちは説教である、④聖餐における共同体、⑤冷たい教会だといわれたとき、⑥聖日軽視は信仰生活の赤信号、⑦奏楽中に雑談するな、⑧見識豊かな礼拝当番、⑨祈祷会の礼拝論的位置づけ、⑩祈りにうまいまずいはない、⑪献金は信仰のバロメーター、⑫週報を泣かせるな、⑬どうせ伝道集会をするなら、⑭教会を強くする修養会、⑮教会の籍とはなにか、⑯権威ある教会総会を開け、⑰役員の「つとめ」について、⑱役員の資質ということ、⑲牧師を育てる教会とは、⑳印象に残ったクリスマス、㉑各部活動について考える、㉒信仰の継承とその方法、㉓牧師の招聘は結婚とおなじ、㉔牧師の給料のきめかた、㉕牧師の辞任をめぐる諸問題、㉖牧師夫人を噂にするな、㉗恋愛、結婚、家庭、熟年、㉘いつかはみんな死ぬのだが、㉙信徒による牧会。

西大寺キリスト教会の歴史は、この目次に沿ってきているかのようです。辻先生のご指摘を受け、私たちの教会はこれらの課題を聖書によって導かれるように、役員会で学び、祈り、協議し、今の形になってきたのです。教会の運営については、やがて長年の懸案事項であった長老主義政治へとたどり着きました。複数牧会者たちとも研鑽を重ねました。そして、教会政治規程を制定し、今日に至ったのです。その歩みの記録が、長老会出版の『福音に仕える教会』『福音に仕える教会2』です。

「行われますように」とは

(1)「なりますように」

今まで「地」について確認してきました。それでは、神のみこころがどのようにして、「地でも」成就するのでしょうか。主の祈りの目的は、はじめに一貫したテーマがあると言いましたが、「神の国」が完成し、実現するということです。それが神のみこころです。

神のみこころとは、神さまの意志にほかなりません。神がご自身のみこころとしておられることを、約束どおりきちんと実行してくださることによって、事柄が成り立ちます。事を成らせるのは神さまです。ですから、「天で行われるように」ということばが入っているのです。それは人間にはできないことです。神のみこころは、神のおことばです。主の母マリアの受胎告知を受領したことばが正しい模範的応答です。

「ご覧ください。私は主のはしためです。どうぞ、あなたのおことばどおり、この身になりますように。」（ルカ一・三八）

神のおことばの前に自分をはしためとして、身を低くする姿勢があります。さらに、「あなたのおことばどおりに」という、神のご意志の実現を願うことを決意し、そのためにどのような犠牲をも払うことすら覚悟している姿勢です。このようなマリアの信仰に倣って、「私があなたのみこころを行うことができますように」と、主体的に神の国建設に関わる祈りをささげていきましょう。

⑵神の意志に逆らう「自分の意志」

神のご意志を学びました。もう一つの意志があります。それは、私たち人間の意志です。私たちの意志というものが、神のみこころと一致しておれば何の問題もありません。ところが、私たちの意志が神さまの意志の実現にとって最大の妨害になるのです。現代はＩＴロボットが登場している時代です。しかし、神は神のかたちを持つ存在として、創世の初めから人間に完全な自由意志を与えられたのです。

「神は人をご自身のかたちとして創造された。神のかたちとして人を創造し、男と女に彼らを創造された。」（創世一・二七）

しかも「見よ、それは非常に良かった」（同三一節）。

ところが、人はサタンの誘惑によって神に背きました。「一人の人によって罪が世界に入り、罪によって死が入り、こうして、すべての人が罪を犯したので、死がすべての人に広がった」（ローマ五・一二）のです。使徒パウロは、エペソ人への手紙で断罪しています。

「私たちもみな、不従順の子らの中にあって、かつては自分の肉の欲のままに生き、肉と心の望むことを行い、ほかの人たちと同じように、生まれながら御怒りを受けるべき子らでした。」（二・三）

それが、「生まれながらの人間」と呼ばれている、新生前のすべての人間です（Iコリント二・一四）。それに対してイエス・キリストを信じた人は、新しく造られたものですが、聖霊に導かれて神のみこころを行いたいと願うようになりました（同二・一五～三・三）。しかし、新生している人も肉の思いが残っているのです。

「肉の思いは神に敵対するからです。それは神の律法に従いません。いや、従うことができないのです。」（ローマ八・七）

⑶ 自分の意志を捨てて

『ハイデルベルク信仰問答』（吉田隆訳、新教出版社）の問一二四には、こうあります。

問一二四　第三の願いは何ですか。

答　「みこころの天になるごとく、地にもなさせたまえ」です。すなわち、わたしたちやすべての人々が、自分自身の思いを捨て去り、唯一正しいあなたの御心に、何一つ言い逆らうことなく聞き従えるようにしてください、そして、一人一人が自分の務めと召命とを、天の御使いのよう喜んで忠実に果たせるようにしてください、ということです。

ここに、「自分自身の思いを捨て去り」という一文があります。神のみこころに逆らう自分の思いを捨てなければ、神の意志に従うことができません。それは主イエスのみことばにあるとおりです。

「それからイエスは弟子たちに言われた。『だれでもわたしについて来たいと思うなら、自分を捨て、自分の十字架を負って、わたしに従って来なさい。』」

（マタイ一六・二四）

本物のクリスチャンに与えられている責任は、神の子とされた自分の意志が、天の父のみこころに応答して、同意するように努めることです。クリスチャンとしての霊的成長と聖化は、この目的を達成するかどうかにかかっています。その良い模範としての偉大な聖徒たちの例を挙げることは少なくありません。彼らは、神のみこころを行うだけでなく、神のみこころを行うことを楽しんだと証ししています。神のみこころを行うことは、限りなく困難であるが、同時に楽しみであり、喜びとなるというのです。「私にあなたの仰せの道を踏み行かせてください。／私はその道を喜んでいますから」（詩一一九・三五、以下参照一六、二四、四七、七〇、七七、九二、一四三、一七四節）。

預言者エレミヤは、神がその御霊によってイスラエルの家の人々の知性と意志を扱い、形造ろうとされる情景を生き生きと描いています。その一つが陶器師がろくろを回して粘土を器に形造る描写です（エレミヤ一八・一～四）。エレミヤは主のことばに従い、陶器師の家に下って行きました。それはエルサレムの南ベン・ヒノムの谷にありました。陶器職人は「ろくろ」を回転して、粘土を陶器に形造る仕事をしています。陶器師は粘土で造っていた器が、手の中で仕損じたので、彼は意のままに、それを壊してほかの器に作り替えました。粘土を使って何を造るか、あるいはこれをつぶすかは、ただ陶工の心の内にかかっています。これを見たエレミヤは、神はその目的を果たすためにイスラエルを意のままに扱われる陶工であり、主は完全な自由を持っておられることを知ったのです。

「イスラエルの家よ、わたしがこの陶器師のように、あなたがたにすることはできないだろうか。……イスラエルの家よ、あなたがたはわたしの手の中にある。」

（同六節）

これは神の絶対的な主権性を表しています。預言者イザヤも好んで用いた比喩でした。

「ああ、あなたがたは物を逆さに考えている。陶器師を粘土と同じに見なしてよいだろうか。造られた者がそれを造った者に『彼は私を造らなかった』と言い、陶器が陶器師に『彼にはわきまえがない』と言えるだろうか。」

（イザヤ二九・一六）

これこそまさに「御手の中で」（『教会福音讃美歌』四〇五番）という賛美にあるとおりです。また、その霊的経験がジョージ・ステビンズ作曲の有名な古典的讃美歌で歌い継がれてきました。

一　ゆだねます　主の手に　器なるわが身を
陶器師の手により　練りあげてください
二　ひざまずくわが身を　今さぐりきよめて
降りつもる雪より　白くしてください
……
四　聖霊に満たして　わが内をきよくし
キリストの姿に　引きあげてください

（『教会福音讃美歌』三二七番）

「みこころのままに」ゆだねること

⑴服従する幸い

エレミヤの描写した陶工と粘土の例から、「主人」である神の御手のもとで私たちが形造られることで、陶器師に気に入られるかどうかの鍵は、私たちが神の干渉にどのように応じるかにかかっていることが明らかです。これを霊的な視点で見るなら、自分が神に応答するか抵抗するかの度合いは、自分自身が進んで神に従う度合いであることがわかります。現代は、人がだれかに「服従」することは人気のない思想であり、態度です。だれか他の人に自分を服従させ屈服させることは、別の人への譲歩を意味し、別の人の意志を第一にすることを意味します。服従することに対する抵抗心は、自分を否定され、無視され、さげすまれていると感じるところから生まれます。それは、自分のプライド、自己中心と対立するのです。

しかし、それにもかかわらず、神のことばは服従して幸いを得よと語りかけます。先ほどのみことばに、「もし、それがわたしの声に聞き従わず、わたしの目に悪であることを行うなら、わたしはそれに与えると言った幸せを思い直す」(エレミヤ一八・一〇)とあります。それは、この比喩のもう一つの意味を示しています。イスラエルは、神の前に人格的な応答の責任を持つ者として立たされており、彼らの態度に従って神の側で自由に、主権的に行動されることを意味しているのです。エレミヤ書一八章七節から一〇節は、このことをわかりやすく表現しています。私たちクリスチャンも同じように扱ってくださいます。神と私たち人間の関係は、運命的・宿命論的に定まってしまってはいないことを確認しておきましょう。

⑵ 服従は律法主義ではない

　ここで私たちは、服従と律法主義を同じものとして関連づける過ちを犯しやすい者であることを告白しなければなりません。それは間違いです。むしろ、聖書によれば服従は愛と密接に関係しています。たとえば、私がある人を愛しているという証明は、自分の願いよりもその人の願いを第一にすることだからです。ですから、もし私たちが自分の妻や夫、両親、学校、国などを愛するなら、それら愛するものが第一になり、そのためにすることが私たちの喜びであり楽しみであるようになります。なぜなら、そこに現れる協力と服従の行為は、それら愛するものへの、私の愛と尊敬の証拠だからです。それが何らかの犠牲を払うことであっても、それすら喜びとなるのです。
　神のみこころを愛すること、つまり私たちの御父であられる神の意志と目的を愛することは、神ご自身とその願いに従うことを意味しています。主イエスは弟子たちに繰り返して言われました。

　「わたしがわたしの父の戒めを守って、父の愛にとどまっているのと同じように、あなたがたもわたしの戒めを守るなら、わたしの愛にとどまっているのです。」

「だれでもわたしを愛する人は、わたしのことばを守ります。」（同一四・二三）

イエス・キリストを愛することは、イエス・キリストに従うことです。それは、この方のみこころを行うことであり、それは地でも天を持つことになるのです。

ゲッセマネの祈りをご一緒に祈りましょう。

「わが父よ。わたしが飲まなければこの杯が過ぎ去らないのであれば、あなたのみこころがなりますように。」

（マタイ二六・四二）

むすび

人が自分の居場所で自由な思いを持つことができるとすれば、その人は強いられてではなく、その場にいることとその場のすべての関わりを愛しているからです。それは特別なことではありません。同じことが神さまとの関係においても言えるでしょう。

私たちが神のみこころを知ることができるなら、そのみこころを行う意志を持つことができるでしょう。しかも、自己中心的な弱さを持つ私たちであっても、神に従おうとする私たちには神の御霊が与えられており、みこころに従いたいという願いが起こされてくるのです。その例を挙げましょう。

初代教会の使徒たちの活躍を妬み、ユダヤ教の大祭司とその仲間たちは最高法院の権威によって、使徒たちを捕らえ尋問しました。「あの名によって教えてはならないと厳しく命じておいたではないか」（使徒五・二八）。これに対するペテロと使徒たちの答えは「人に従うより、神に従うべきです」（同二九節）と言うことでした。この結論は、次のことばで決着がつきました。

「私たちはこれらのことの証人です。神がご自分に従う者たちにお与えになった聖霊も証人です。」（同三二節）

私の信仰生活でいつも励まされてきた使徒パウロの、ピリピ教会への手紙の一節がここにも優しく響いてきます。

「神はみこころのままに、あなたがたのうちに働いて志を立てさせ、事を行わせてくださる方です。」（二・一三）

この約束は、自分の力だけによってなされるのではなく、神の御霊によって果たされることは明白です。そのとき、私たちは父なる神のみこころに一致している自分を見いだすでしょう。それは、サタンの誘惑によって神に背き、問題に満ちたこの地のすべてのことにおいてなされます。

主の祈りのはじめに神の御名が聖なるものとされることを祈り、次に御国が来ますようにと祈った私たちは、神のみこころが天でも地でも行われることを祈り続けようではありませんか。ここまでが主の祈りの前半です。

Ⅶ　日ごとの糧をお与えください

私たちの日ごとの糧を、今日もお与えください。

マタイの福音書六章一一節

31「私たちの先祖は、荒野でマナを食べました。『神は彼らに、食べ物とし
て天からのパンを与えられた』と書いてあるとおりです。」
32それで、イエスは彼らに言われた。「まことに、まことに、あなたがたに
言います。モーセがあなたがたに天からのパンを与えたのではありません。
わたしの父が、あなたがたに天からのまことのパンを与えてくださるのです。
33神のパンは、天から下って来て、世にいのちを与えるものなのです。」
34そこで、彼らはイエスに言った。「主よ、そのパンをいつも私たちにお与
えください。」
35イエスは言われた。「わたしがいのちのパンです。わたしのもとに来る者

は決して飢えることがなく、わたしを信じる者はどんなときにも、決して渇
くことがありません。
36 しかし、あなたがたに言ったように、あなたがたはわたしを見たのに信
じません。
37 父がわたしに与えてくださる者はみな、わたしのもとに来ます。そして、
わたしのもとに来る者を、わたしは決して外に追い出したりはしません。
38 わたしが天から下って来たのは、自分の思いを行うためではなく、わた
しを遣わされた方のみこころを行うためです。
39 わたしを遣わされた方のみこころは、わたしに与えてくださったすべて
の者を、わたしが一人も失うことなく、終わりの日によみがえらせることで
す。
40 わたしの父のみこころは、子を見て信じる者がみな永遠のいのちを持ち、
わたしがその人を終わりの日によみがえらせることなのです。」

ヨハネの福音書六章三一～四〇節

はじめに

ここからは、主の祈りの後半になります。前半は神の御名と、御国と、みこころのための三つの祈りでした。つまり、神ご自身のために祈ることでした。しかし、「みこころが天で行われるように、地でも行われますように」という三つ目の祈りは、この地上で、現実の人間社会の中で、神のみこころが行われることを願うものです。つまり、日常生活において「天にいます」聖なる父のみ栄えが現されることを祈りました。

その流れを受けて後半の祈り（一一～一五節）に続くのです。それは「私たちの日ごとの糧を、今日もお与えください」「私たちの負い目をお赦しください」「私たちを試みにあわせないで……ください」という三つの課題の解決を求める祈りです。

言い換えれば、物質的、倫理的、霊的な人間のすべての生活領域の課題です。しかも、この三つの課題はすべて「私たちの」とあるように、個人的な祈りの課題であり、同時に全人類的な広がりを持つ、普遍的な祈りの課題でもあります。ここでは、この中の一つ目の課題についてお話します。

「日ごと」

「日ごと」と訳されたギリシア語は、ほかの訳で、「毎日」「必要な」「明日の」などがあります。私たち西大寺キリスト教会で長年用いてきた主の祈りの、「わたしたちに毎日必要なものを、今日もお与えください」ということばの根拠です。その必要なものとは、物質、健康、境遇、環境、そのほか私たち人間の生存に関わる一切の事柄です。実際のところ、私たちのいのちと、全宇宙の存在が維持されるのは、創造主なる神のみこころによるのです。自然界の法則も父なる神によって造られ、支えられています。

自然界は神から離れ、自己維持していると思い込んでいる現代において、この祈りは大切な意味を持っています。その日暮らしの人も、豊かな生活をしている人も、すべてこの祈りをささげなければなりません。人は、自分の力によって収入を得、生きていると考えてはいけません。私たちが今持っている財産の所有権は神さまのものです。もちろん、使用権も神さまにあります。すべての良いものは神さまから来るのです。

「すべての良い贈り物、またすべての完全な賜物は、上からのものであり、光を造られた父から下って来るのです。」（ヤコブ一・一七）

いいえ、それ以上に、私たちの存在そのものが神によって造られていることを忘れてはなりません。「『私たちは神の中に生き、動き、存在している』のです」（使徒一七・二八。ヨブ一二・一〇参照）。「日ごとの糧を」という祈りは、神がすべてのものの与え主であるという信仰の告白でもあります。「毎日」「必要」「明日の」というギリシア語の意味から推し量れば、「神さま、この次の食事も、明日からの食事も、命をも与えてください」と祈ることなのです。

私事で恐縮ですが、虚血性心疾患のため心臓冠動脈に十七か所ステントを入れています。本書の出版準備中の八月、カテーテルでステントが二か所増えました。いつ、心臓発作が起きるか予測できません。自覚症状はないのですが、危機意識は自然に備わっています。日ごとにいのちを保たれている実感があります。「天のお父さま、どうぞみこころならば、今日も明日も、瞬間瞬間を生かしてください」という祈りと同じです。私は若い時から主の兄弟ヤコブの祈りが好きでした。今はますます好きになっています。

「あなたがたはむしろ、『主のみこころであれば、私たちは生きて、このこと、あるいは、あのことをしよう』と言うべきです。」

（ヤコブ四・一五）

同時に思うのです。この祈りがいつか聞かれない日が来ることでしょう。そのときのためにダニエル書にある三人の若者が、ネブカドネツァル王に対して言った返答を、自分の思いとしています。

「しかし、たとえそうでなくても、王よ、ご承知ください。私たちはあなたの神々には仕えず、あなたが建てた金の像を拝むこともしません。」

（ダニエル三・一八）

「糧」

糧とはパンのことです。これは私たちにとって大切な経済問題にあたります。キリスト教信仰は、物質を悪とし精神的なものを善とするギリシア哲学の二元論ではありません。生活に必要なものを禁じたり蔑視したりする禁欲主義でもありません。糧は私たちのからだを養います。先の祈りで罪の赦しを求めるように、日ごとの糧のために祈ることは、必要かつ重要です。主イエスは五千人の給食の奇跡を行われたとき、人々の霊的な必要と同時に物質的な必要にも配慮されました。主は、人間にとって霊的なことも物質的なことも、基本的な人間の必要であることをご存じでした。からだの健康と、すばらしい食欲と、肉体的な運動能力と、結婚の祝福を喜ぶことは、禁欲主義を排除します。

物質的な必要は、日ごとの糧のために祈ることによって供給されるのです。飢饉によって苦しむ農夫と人民のために祈り、社会的、医療的奉仕のために祈り、貧困者の衣食住のために祈り、これらに対する為政者の政策のために祈るのです。主イエスの

「神の国宣教」は、「すべての町や村を巡って、会堂で教え、御国の福音を宣べ伝え、あらゆる病気、あらゆるわずらいを癒やされた」（マタイ九・三五）という、包括的宣教でした。ですから、私たちの教会は教育・伝道・福祉などの必要を満たす市民教会形成を目指してきました。

しかしその一方、パンの問題を最優先してしまうとき、私たちは物質的な事柄の奴隷になってしまうのです。それは、神第一ではなく自分を第一とすることになります。ですから、物欲におぼれ、衣食住などの経済問題だけに心が奪われて、これらの奴隷状態になることは避けなければならないでしょう。

使徒ヨハネはその晩年の第一の手紙で警告しています。

「あなたは世も世にあるものも、愛してはいけません。……すべて世にあるもの、すなわち、肉の欲、目の欲、暮らし向きの自慢は、御父から出るものではなく、世から出るものだからです。世と、世の欲は過ぎ去ります。しかし、神のみこころを行う者は永遠に生き続けます。」

（Ⅰヨハネ二・一五～一七）

多くの聖書学者たちは、当時の資料から推測して「今日のパン」を「当座の生活に必要なもの」と解釈しています。当座の生活に必要なものとは、その日に必要なものだけをその日にということでしょう。自然災害や、疫病の蔓延でマスコミの流す商品不足の情報に踊らされ、不要で過剰な買いあさりや、買いだめをしないためにも心してこの祈りをささげましょう。経済問題を考えるとき、私はいつも好きな箴言を思い出します。それは、「貧しさも富も私に与えず、ただ、私に定められた分の食物で、私を養ってください。私が満腹してあなたを否み、『主とはだれだ』と言わないように。また、私が貧しくなって盗みをし、私の神の御名を汚すことのないように」（箴言三〇・八、九）というみことばです。これもまた、クリスチャンのライフスタイルに欠かせない教訓ではないでしょうか。

「今日も」

先に「日ごと」について話しました。その上になぜ「今日も」と祈るのでしょうか。そのひとつの理由は、祈りの日常性です。祈りは、高尚な祈りもあれば、日常のささやかなことのために祈ることも大切です。明日ではなく今日という日に必要なパンを求める祈りは重要です。神の家族である信仰の兄弟姉妹は、日常茶飯事の必要のために互いに実情を打ち明けあって、信頼でき、支え合う祈りの友を持ちたいものです。新型コロナウイルス感染のパンデミックの中で、世界は日常の生活を失いました。ありふれた、何でもないと思われた日常の大切さを思い知らされています。

さらに、神さまに対する信頼性についても強調しています。それはまるで子どもが親にすがりついておねだりするときのように、駄々をこねるほどの信頼感の表れとしての祈りです。親は、むずかる我が子に手を焼きながら、叱りながら、それでも最後に願いをかなえてしまうことがあるではありませんか。それは、甘えてくる子どもがかわいいからではありませんか。私たちの、天の父に対する祈りも行儀正しいだけでいいのでしょうか。ツロに住む異邦人の女がその子の悪霊追放を激しく迫ったとき、「主よ。食卓の下の子犬でも、子どもたちのパン屑はいただきます」（マルコ七・二八）という女の祈りに、主イエスは渋りながらも答えられました。

「今日も」と祈る理由の最後は、祈りの行動性と主体性を表現しているからです。日本語に訳されていませんが、ここにはギリシア語の原文に「私たちに」ということばがあります。祈る姿勢は、座って祈る時も立ち上がって祈ることもあります。どのような姿勢であっても、祈りは行動を伴います。身体の姿勢だけでなく、心の在り方も表しているのです。使徒パウロは、コリント人への手紙第一において「私たちは神のために働く同労者である」（三・九）と言っています。「私たちに今日もお与えください」と祈ることは、立ち上がって神さまと一緒に「今日も」、「私たちも」働き始めるということです。祈りは行動を生み出します。私たちも「今日」というこの一言に、神さまへの日常性と信頼性と行動性を込めて主体的に祈ろうではありませんか。

祈り求める時の心得、祈らない者への福音の招き

「お与えください」という祈りは願い求めることで、求め方と求める姿勢に注意しなければなりません。

注意点の第一は、主イエスが「心配してはならない」と何度も繰り返しておられることです。それは主の祈りの後の、山上の説教で語っておられる有名なたとえにあります。

「何を食べようか何を飲もうかと、自分のいのちのことで心配したり、何を着ようかと、自分のからだのことで心配したりするのはやめなさい。いのちは食べ物以上のもの、からだは着る物以上のものではありませんか。」

（マタイ六・二五）

その後三二節までの空の鳥と、野の花のたとえにおいて実にわかりやすく説明しておられます。私たちの天の父は、「糧」が私たちの生存に不可欠であることをよくご存じで、このたとえでも確証しておられます。

「まず神の国と神の義を求めなさい。そうすれば、これらのものはすべて、それに加えて与えられます。ですから、明日のことまで心配しなくてよいのです。明日のことは明日が心配します。苦労はその日その日に十分あります。」

（同三三、三四節）

第二の注意点は、求めるものの優先順位を間違えないことです。主イエスは黄金律として、「まず神の国と神の義を求めなさい。そうすれば、これらのものはすべて、それに加えて与えられます」（同三三節）と言われました。これをやさしく言い換えれば、「神の願いを人生において第一にする用意のある人は、必ず糧を得るはずだ」ということになります。この二つの注意点を大切にして「日ごとの糧を」求めていきましょう。しかし、残念なことですが、神のみこころを全く行おうとしない人たちが、「糧を与えてください」というこの祈りをささげているのではないでしょうか。

ところで、神さまはこの祈りをささげない人々にも、その日の必要なものを与えておられることをどのように考えたらよいでしょうか。ここにも主イエスが優しいみことばで答えてくださいます。それが、福音への招きです。

「父はご自分の太陽を悪人にも善人にも昇らせ、正しい者にも正しくない者にも雨を降らせてくださるからです。」（マタイ五・四五）

神は日ごとの糧を祈り求めない人にも、良いものをお与えになります。その人々は感謝もしないで当然のように受け取ります。それは、神さまの存在も力も愛も知らないからです。しかし、私たちはこの祈りを心からささげることによって、日ごとの糧にとどまらず、霊的祝福も併せて受けています。なんという幸いでしょう。使徒パウロはローマ人への手紙において、その幸いを知らない人々の罪と不幸を歯に衣を着せない言い方で、信仰の従順に立ち返らせようとしています（ローマ一・五、一六・二六参照）。

「彼らは神を知っていながら、神を神としてあがめず、感謝もせず、かえってその思いはむなしくなり、その鈍い心は暗くなったのです。」（同一・二一）

そのような、身勝手で、不信仰で、不品行で、無礼な神への反逆者に対して、神さまはさすがにお怒りになります。「不義によって真理を阻んでいる人々のあらゆる不敬虔（無信心）と不義（神の義への謀反）に対して、神の怒りが天から啓示されているからです」（同一八節）。しかも、恵みに富んでおられる神は、「義人は信仰によって生きる」（同一七節）という福音をあらかじめ備えてくださいました。家族ともども、日ごとの食卓におられる主イエスさまを仰ぎながら主の祈りをささげましょう。

むすび

この祈りの最後に、旧約時代の荒野のマナの奇跡を思い浮かべてください。主イエスは五千人のパンの養いの奇跡の後、ご自分が天からのパンであると言われました（ヨハネ六・三二～五八参照）。

「わたしの父が、あなたがたに天からのまことのパンを与えてくださるのです。」（同三二節）

主の祈り後半の最初の願いに、この祈りがあることの理由は何でしょう。マナは毎日集められました。また、朝ごとに日が高くなる前に集められ、一日分ずつ集め、安息日の前日は二日分集めることが許されました（出エジプト一六章参照）。それは、「こうしてあなたがたは、わたしがあなたがたの神、主であることを知る」（同一二節）ためでした。

私たちも、霊的な糧を食するために毎日規則正しくこの祈りをささげ、主の前に近づきたいものです。カルバリの丘で砕かれ、打ちたたかれたのは、この方でした。その砕かれたことによって、復活のいのちを与えるパンとなられました。主イエスはパンの奇跡の時に言われました。

「わたしは、天から下って来た生けるパンです。だれでもこのパンを食べるなら、永遠に生きます。」（ヨハネ六・五一）

この話を聞いた弟子たちの反応は二つです。「これはひどい話だ。だれが聞いていられるだろうか」（同六〇節）、そしてイエスから離れ去ったのです。ペテロの答えは「主よ、私たちはだれのところに行けるでしょうか。あなたは、永遠のいのちのことばを持っておられます」（同六八節）。

あなたはどちらを選びますか。日ごとに主の祈りをささげる側に立ってください。

一　十字架のもとに　私は立ち

日ごとの重荷を　すべて降ろす
心をやすめる　憩いの家
焼けつく日ざしを　逃れるかげ
……

三　十字架の上の　主のみ姿
苦しみ死なれた　救い主よ
罪あるこの身は　涙にぬれ
主イェスの救いと　愛を歌う

（『教会福音讃美歌』一三四番）

Ⅷ

私たちの負い目をお赦しください

私たちの負い目をお赦しください。
私たちも、私たちに負い目のある人たちを赦します。

マタイの福音書六章一二節

28 神を愛する人たち、すなわち、神のご計画にしたがって召された人たち
のためには、すべてのことがともに働いて益となることを、私たちは知って
います。
29 神は、あらかじめ知っている人たちを、御子のかたちと同じ姿にあらか
じめ定められたのです。それは、多くの兄弟たちの中で御子が長子となるた
めです。
30 神は、あらかじめ定めた人たちをさらに召し、召した人たちをさらに義
と認め、義と認めた人たちにはさらに栄光をお与えになりました。

31 では、これらのことについて、どのように言えるでしょうか。神が私た
ちの味方であるなら、だれが私たちに敵対できるでしょう。
32 私たちすべてのために、ご自分の御子さえも惜しむことなく死に渡され
た神が、どうして、御子とともにすべてのものを、私たちに恵んでくださら
ないことがあるでしょうか。
33 だれが、神に選ばれた者たちを訴えるのですか。神が義と認めてくださ
るのです。
34 だれが、私たちを罪ありとするのですか。死んでくださった方、いや、
よみがえられた方であるキリスト・イエスが、神の右の座に着き、しかも私
たちのために、とりなしていてくださるのです。

ローマ人への手紙八章三一～三四節

はじめに

　そもそも、主の祈りの講解説教を思いついた理由が、この祈りにあります。主の祈りの全体の中で、解釈の最も難しいのがこの一二節です。長いキリスト教会の教理史において、実に多くの議論と見解の相違を生み出してきたからです。もう一つの理由は、私たち西大寺キリスト教会が長年にわたって「主の祈り」を、尾山令仁牧師私訳の『聖書　現代訳』（ＰＤＪ／ロゴス出版）から用いてきたことと関係します。そこには、「私たちに負債のある人々を、私たちが赦しましたように、私たちの負債も赦してください」と訳されています。少し横道にそれますが、『聖書　現代訳』を採用したわけがあります。附属サムエル幼児園や、教会学校の幼子にもわかりやすいことばを優先的に選んだということです。このたび、待望の「新改訳２０１７」の発行にともない、主の祈りの変更が検討されつつあります。現在、所属する日本同盟基督教団の「式文」改訂が進むなか、長老会はその完成を待って最終決定します。

　ところで、主の祈りの構成は、前半の三つは神さまに関わる祈りで、後半の三つの祈りは私たちの日常生活に関することです。日常的な必要は、前回の「日ごとの糧」という物質的な嘆願と、今日の「負い目をお赦しください」という倫理的な嘆願です。そして最後は「試みにあわせないで」という「霊的」な神さまへの訴えです。いずれも、私たちの、切実なジレンマを伴う祈りです。そこで、今日は主の祈りの五番目の祈りの前半を学んでいきたいと思います。

「負い目」に関すること

(1) 翻訳に関して

日本の教会が、公的にささげている主の祈りは、文語訳聖書（明治一四年版）に基づいています。「我らに罪をおかす者を、我らがゆるすごとく、我らの罪をもゆるしたまえ」とあります。新改訳では「負い目」、口語訳では「負債」、そして文語訳では「罪」と訳されています。原文のギリシア語は「オフェイレーマ」であって、罪とも負債とも訳すことができるのですが、どちらかと言えば「負い目」がよいと思います。その理由は、前後関係と文脈上の判断によります。主イエスは、この後の一四、一五節において「もし人の過ちを赦すなら、あなたがたの天の父もあなたがたを赦してくださいます。しかし、人を赦さないなら、あなたがたの父もあなたがたの過ちをお赦しになりません」と言われたのです。この場合、負債は金銭上の「借金」ではなく、精神的、倫理的な意味で使っているのです。ルカの福音書には「私たちの罪をお赦しください。私たちも私たちに負い目のある者をみな赦します」(一一・四)とあり、罪と負い目という違った二つのことばが同義語として使われています。

先に言ったように、文語訳の「罪」も間違いではありません。また、『聖書　現代訳』と口語訳の「負債」も悪くないのですが、新改訳の「負い目」のほうが最もふさわしいと思います。

(2) 日本文化の中で味わう「負い目」

私たち日本人の文化は、〝恩義〟とか、〝義理〟とかと言うように義理堅い民族です。一般社会の常識では、他人から借りた金は当然返済すべきです。「私はあの人に借りがある」とか、「あの人に負い目がある」というように、金銭上であれ、倫理観においてであれ、日本人の負債意識が高いことは美徳であると言えるでしょう。ところが、そのような美徳を誇るべき日本人が、なぜか神さまとのお付き合いになると、負債意識が急に薄れてしまうのは、どうしたことでしょう。私たち日本人は、こちらが心を入れ替えさえすれば、神さまはいつでもニコニコ顔で迎えてくださるように、甘く考えていないでしょうか。ある人が言うように、神さまは「お人好しののんきな父さん」ぐらいに思っているのではないでしょうか。

甘く考える性向は、日本人だけの特異性ではないという説を唱えた方がいます。『甘えの構造』（弘文堂）の著者である土居健郎博士は、その後『聖書と「甘え」』（ＰＨＰ新書）を著しています。その中で、信仰と甘えについて論じ、旧新約聖書の物語に触れ、「聖書的信仰は甘えを排除しない。むしろそれを抱擁し、信仰生活の中で新たに生かす」と結論付けています。そうであるとすれば、義理人情に篤い日本人であればこそ、聖霊の働きによって神への負い目をどの国の人にもまして受け止めることができるのではないでしょうか。『神の痛みの神学』（教文館）の著者の故・北森嘉蔵牧師は、『日本人と聖書』（教文館）の中で、「義理と人情」というテーマを取り上げています。その目的は、日本人伝道を深めることを目指しておられたのだと思います。

さて、本題に帰りましょう。神さまへの負債というのは、払いきれない莫大な債務であって、それを返済しなければ、聖なる神の前に出ることができないという聖書の教えを知らなければなりません。詩篇四九篇八節で、「たましいの贖いの代価は高く／永久にあきらめなくてはならない」と宣言されているからです。新約聖書では「罪の報酬は死です。しかし神の賜物は、私たちの主キリスト・イエスにある永遠のいのちです」（ローマ六・二三）と、罪とその救いが同時に宣言されています。

神は御子イエス・キリストを罪からの贖い主（買い戻す方）として、この世界に送ってくださいました。主イエスは、私たちの払いきれない莫大な負債の返済として、ご自分の価高い命を十字架上で支払ってくださいました。もしそうでなかったなら、罪深い私たちが神に近づくことも、神に祈ることも絶対にできなかったのです。しかし、なんと幸いなことでしょう。主イエスがこの十字架の死を遂げるために来てくださり、身代わりのさばきを受けてくださいましたから、私たちの償いの代価は支払われたのです。十字架上で「完了した」（ヨハネ一九・三〇）と言われて、父なる神に霊をお渡しになったのは、すべての負債の返済が完了したという宣言です。私たちは、その尊い主イエスのささげ物を差し出すことによって、「私たちの負い目をお赦しください」と願うことができます。

「赦し」について

(1)「神の子」に残る罪の処理

ただ神の恵みにより、キリストの贖いによって罪を赦され、神の子とされた私たちは、その時以来全く罪がなくなったわけではありません。残念ながら、日々繰り返し罪を犯してしまう弱さが残っています。ですから、私たちは毎日神を信じ、御父また御子イエス・キリストとの交わりに生きるものとされながら、同時に毎日罪の赦しを求めるのです。愛の使徒ヨハネは晩年の手紙に、「もし自分には罪がないと言うなら、私たちは自分自身を欺いており、私たちのうちに真理はありません」（Ⅰヨハネ一・八）と記しています。

私の若き日の霊的葛藤のまとめを著した『いつ聖霊を受けるのか』に、次のような文章があります。

「すべて救われた人の罪は、立場的に根絶されているのです。私たち主イエスを信じる者は、主イエスに、信仰によって合体することによって、罪の根絶の立場を得ました。ですから罪が支配権を握って、この立場を奪い去ることは決してありません。けれども現実において、聖徒の中にも罪が残っているということも、共に真理です。この罪は、私たちに戦いを挑んでくるものであり立ち向かうべきものです。御霊によって圧迫すべきものであります（ローマ八・一三、第一ペテロ二・一二）」（九〇頁）。

少し解説をします。「根絶」は根抜き説とも言います。英語はEradicationで、神だけが原罪もろともすべての罪を取り去ってくださったのです。神は義認によってその立場を、信仰の最初に与えてくださいました（コロサイ一・一三、一四）。使徒パウロは「あなたがたの間で良い働きを始められた方は、キリスト・イエスの日が来るまでにそれを完成させてくださると、私は確信しています」（ピリピ一・六）と言いました。つまり、罪の根絶はキリストの再臨において完成します。

次に「合体」とは、信仰によるキリストとの一体化です。両者の主体性は失われないで一体化することです。同一化ということもできます。英語ではIdentifyという単語です。聖書では「私はキリストとともに十字架につけられました。もはや私が生きているのではなく、キリストが私のうちに生きておられるのです」（ガラテヤ二・一九、二〇）に当てはまります。これもまた、拙著『いつ聖霊を受けるのか』五章「磔殺とはなにか」の項において説明しています。「キリスト・イエスにつく者は、自分の肉を、情欲や欲望とともに十字架につけたのです」（同五・二四）が、この磔殺《たくさつ》に当たります。

三つ目の「圧迫」とは、救いの初めから与えられている聖霊によって、罪に打ち勝つことを表しています。人間的な自力主義ではありません。その秘訣を、コロサイ人への手紙三章五節から一一節において使徒パウロが述べています。特に五節において、「殺す」と言っています。「ですから、地にあるからだの部分、すなわち、淫らな行い、汚れ、情欲、悪い欲、そして貪欲を殺してしまいなさい」と訳されています。圧迫は英語でSuppressionです。根絶（根抜き）説、合体（合一）説、圧迫説は対立する説ではなく、イエス・キリストによって与えられた信仰者の生涯の霊的状況を総合的に表していると言えるでしょう。

(2)「お赦しください」は罪の告白

罪の処理と言えば、先ほど引用した使徒ヨハネの手紙の続きに「もし私たちが自分の罪を告白するなら、神は真実で正しい方ですから、その罪を赦し、私たちをすべての不義からきよめてくださいます」（Iヨハネ一・九）と述べられています。

「お赦しください」と神に祈ることによって、神だけが罪を赦してくださるのだという信仰を言い表しているのです。しかし、私たちの罪の告白と悔い改めという行為は、決して罪の赦しの根拠ではありません。神が私たちの罪を赦されるのは、神の自由な赦しの働きであって、私たちの霊的状態に左右されるものではありません。「もし人の過ちを赦すなら、あなたがたの天の父もあなたがたを赦してくださいます。しかし、人を赦さないなら、あなたがたの父もあなたがたの過ちをお赦しになりません」というマタイの福音書六章一四、一五節にある教えを、神との取引のように思うのは、大きな間違いです。私たちがだれかを赦さなければ神も私たちを赦さないというような、機械的な受け止め方は誤った考え方です。私たちがだれかを赦すことと、私たちが神から赦されることとは、原因と結果の関係ではありません。

「罪の悔い改め」は全人格の痛みを伴う罪の認識であり、罪から離れることは実践的・行動的要素を含んでいます。主イエスがガリラヤで宣べ伝えられた福音は、「時が満ち、神の国が近づいた。悔い改めて福音を信じなさい」（マルコ一・一五）でした。これを、悔い改めが罪の赦しの根拠であるかのように解釈し、教えることはカルヴァンによっても断固拒絶されています。悔い改めは、神の国と同じように神からの贈り物なのです。

使徒ペテロがカイサリアの町で、異邦人改宗者百人隊長コルネリウスたちに招かれて説教したときに、聖霊が下ったことが驚きをもって記録されています。その報告を受けた他の使徒たちとユダヤにいる主を信じる者たちは、異議を唱えることをやめ、沈黙し、次のように神をほめたたえました。

「それでは神は、いのちに至る悔い改めを異邦人にもお与えになったのだ。」
（使徒一一・一八）

イエス・キリストによる救いを受けた人は、神によって再生（新生）の恵みを受けたのです。それを人間の側の行為としてみれば、回心と言います。回心には、信仰と悔い改めという二つの要素があります。その一方が他方に先行することはありません。救いに至る信仰は罪を悔いる信仰であり、いのちに至る悔い改めは信仰による悔い改めでもあります。信仰と悔い改めは、表裏一体の神の賜物です。

(3) 神の徹底的な罪の赦し

神の赦しは絶対です。「こういうわけで、今や、キリスト・イエスにある者が罪に定められることは決してありません」（ローマ八・一）とあります。その理由は八章の二節以降に詳しく述べられています。要するに、主キリストを信じた時から、その人のうちに住んでおられるいのちの御霊の律法、つまり法則によって律法の要求が満たされるからです（同二～一一節参照）。

その八章二八節から三四節に、重ねて罪の赦しの確実さが繰り返されています。それは、神の救いのご計画が、一貫しているとの確認です。

「神は、あらかじめ定めた人たちをさらに召し、召した人たちをさらに義と認め、義と認めた人たちにはさらに栄光をお与えになりました。」（同三〇節）

さらに、その確実性を担保するために、神が私たちの味方であることを三一節で語り、これ以上の保証があるだろうかとだめ押しします。それに加えて、大祭司キリスト・イエスが御父の前でとりなしていてくださるという、二重三重の赦しの確実さをこれでもか、これでもかと訴えてくるのです。この、罪の赦しの徹底さを私たちはいただいています。

むすび

「赦し」の原因と結果については、一二節の後半でさらに深く学ぶことにします。今日は、「負い目」と「赦し」について学びました。私の負い目感はいろいろあります。特に思い出されるのは、母に対する苦い思い出です。私の母は小柄で、よく自分のことを話していました。それは、自分を卑下することでした。無学で、読み書きもよくできないことを悔やんでいました。農家の田仕事で、年齢以上に老けていました。その母は、村のリーダーであった父に嫁いでこれたことを感謝し、また誇りに思っていたようです。

私が小学生のころ、学校参観日に母の代わりに、一番上の姉が来てくれることになりました。私は役場勤めの美人の姉が来てくれるほうがうれしかったのです。正直なところ、母に来てほしくなかったのです。その思いが、いつまでも長く私の母に対する負い目となりました。家族のために、古びた粗末な服を着て懸命に働く母をどこか疎ましく、恥ずかしく思っていたからです。

やがて教会に行くようになり、「父と母を敬え」という聖書の教えを知り、罪の自覚が深まりました。同時に、主イエスの救いを受けて罪赦されたとき、真心から母に対する謝罪と感謝と、母の労苦と愛が心に迫ってきて、「日本一の母、世界一の母」だと心から思えるようになりました。すべての罪が赦され、母を心から愛することができたことが、私の喜びとなりました。神学校に在学中、その母をイエスさまに導いて、母が単純な信仰を持つことになったことが、何よりの恵みでした。

さて、あなたの負い目はどのようなことでしょうか。どのような負い目も主はお赦しくださいます。「私たちの負い目をお赦しください」と祈りましょう。

IX　私たちも、私たちに負い目のある人たちを赦します

私たちの負い目をお赦しください。
私たちも、私たちに負い目のある人たちを赦します。

マタイの福音書六章一二節

25 ですから、あなたがたは偽りを捨て、それぞれ隣人に対して真実を語り
なさい。私たちは互いに、からだの一部分なのです。
26 怒っても、罪を犯してはなりません。憤ったままで日が暮れるようであ
ってはいけません。
27 悪魔に機会を与えないようにしなさい。
28 盗みをしている者は、もう盗んではいけません。むしろ、困っている人
に分け与えるため、自分の手で正しい仕事をし、労苦して働きなさい。
29 悪いことばを、いっさい口から出してはいけません。むしろ、必要なと

きに、人の成長に役立つことばを語り、聞く人に恵みを与えなさい。
30 神の聖霊を悲しませてはいけません。あなたがたは、贖いの日のために、
聖霊によって証印を押されているのです。
31 無慈悲、憤り、怒り、怒号、ののしりなどを、一切の悪意とともに、す
べて捨て去りなさい。
32 互いに親切にし、優しい心で赦し合いなさい。神も、キリストにおいて
あなたがたを赦してくださったのです。

エペソ人への手紙四章二五～三二節

はじめに

前章では、主の祈りの第五番目の祈り前半についてお話ししました。本来、この一二節後半と同時に味わうべきですが、長くなるので二回に分けてお話ししています。さっそく本論に入っていきましょう。

人の負い目を赦すのと、自分の負い目が赦されるのとどちらが先か

(1) 一二節の聖書翻訳を比較すれば

『聖書　現代訳』では、「わたしたちに負債のある人々をわたしたちがゆるしましたように、わたしたちの負債もゆるしてください」と訳されています。ある信徒が「主の祈りのあの箇所が祈れません」と訴えていました。人の罪を赦せないから、自分の罪も赦されないと考えられたのでしょう。ちなみに文語訳聖書では、「我らに罪をおかす者を、我らがゆるすごとく、我らの罪をもゆるしたまえ」とあります。人の罪を赦すことが先で自分の罪を赦されるのが後です。協会訳（口語訳）も同様に訳しています。「わたしたちに負債のある者をゆるしましたように、わたしたちの負債をもおゆるしください。」長い間、日本のプロテスタント教会はこのように祈ってきました。

カトリック教会関係の聖書では、明治訳、ニコライ訳、ラゲ訳すべては同じ順序です。この一二節に関してプロテスタントの聖書翻訳と変わりがありません。

ここで新共同訳と新改訳を併せて見ておきましょう。新共同訳最新版（聖書協会共

同訳）は、「私たちの負い目をお赦しください。私たちも自分に負い目のある人を赦しましたように」です。そして、新改訳聖書は第三版も２０１７訳も一二節はともにこの順序が次のようになっています。「私たちの負い目をお赦しください。私たちも、私たちに負い目のある人たちを赦しました」（第三版）。そして新改訳２０１７では、「私たちの負い目をお赦しください。私たちも、私たちに負い目のある人たちを赦します」となっています。第三版の訳は、神による赦しを受けた自らが他の人たちを赦したことを挙げて、改めて神に赦しを求めていると理解できます。しかし、前章で学んだように、自分たちが他の人の負い目を赦したことを根拠に、自分の赦しを求めているということではありません。そうなると、赦しが恵みでなくなってしまうからです。前回同様重ねて念を押しています。

そして、新共同訳と新改訳の翻訳はともに聖書原文に近く、正しく訳されているということができます。また、この一二節は神から受けた赦しが先で、それに基づいて人を赦すことができると言っているのです。いつか、主の祈りの公同訳を変更する時が来れば、私は「新改訳２０１７」がふさわしいと思います。

(2) 罪の赦しの限度

ところで、新改訳聖書の第三版と２０１７訳は一二節最後の「赦しました／赦します」が違っています。どうして違うのでしょう。このギリシア語の時制は過去の行為だけでなく、時を超えて繰り返される行為であったりする可能性をもっています。この用法は、現在形で表したほうがふさわしいと新改訳２０１７翻訳委員会は結論付けたようです。現在形ではあるが他の人を赦し、自身についても神の赦しを求め続けていくという、行為遂行的な意味であると理解しているのです。新改訳２０１７の「赦します」という最後のことばは、脚注に「赦しました」と別訳が紹介されています。両方に訳すことができます。このギリシア語は不定過去形であり、私たちはすでに赦しましたということを強調しています。重ねて言います。強調のための表現です。つまり、赦した者こそ赦される実感を持つことができるということを強調しています。

W・フィリップ・ケラーは私たちに問いかけて言いました。「他人を赦すことをしなかった場合、どのようにして、良心をもって、自分を赦してくださるよう、天にいます御父に求めることができるであろうか。そのような場合は、非常に偽善的な態度しか取り得ないのである。神は、この種のごまかしをすぐに見抜かれる方である。」

主イエスは、「主よ。兄弟が私に対して罪を犯した場合、何回赦すべきでしょうか。七回までもでしょうか」（マタイ一八・二一）という弟子ペテロの質問に答えて教えられました。「わたしは七回までとは言いません。七回を七十倍するまでです」（同二二節）と。ユダヤにおいて、数字の七は完全数で、無限に赦してやりなさいという意味です。ペテロはその無限を有限数にしてしまったのです。イエスさまは、「七回を七十倍するまで」と言われることによって、再び本来の無限数に戻されました。無限の赦しを実践された方はイエス・キリストです。ですから使徒パウロがエペソの教会の聖徒たちに書いたことが、無理のない当然のことであったとわかります。

「互いに親切にし、優しい心で赦し合いなさい。神も、キリストにおいてあなたがたを赦してくださったのです。」（エペソ四・三二）

罪の赦しの困難性と克服

(1) 主イエスの教えと私たちの現実

マタイの福音書一八章で、主イエスは具体的なたとえを通して、なおも赦すことの難しさを教えられました。それが二三〜三五節までにあります。一万タラントの負債のある者が、主君のあわれみによって負債を全額免除してもらい、喜んで帰る途中仲間に出会ったというのです。問題は、その仲間に百デナリを貸していたのですが、彼はその仲間に借金返済を迫り、ついに投獄してしまいました。その一部始終を聞いた主君は怒って、悪い家来を獄吏たちに引き渡したというのです。そのとき、「あなたがたもそれぞれ自分の兄弟を心から赦さないなら、わたしの天の父もあなたがたに、このようになさるのです」(同三五節)と、たとえ話を締めくくられました。一万タラントの莫大な負債を免除され、わずか百デナリの負債を赦せない現実を暴き出すたとえ話の巧みさに、驚くほかはありません。

これらの教えから思うことは、赦してもらうことは当然のように受けるが、人を赦すことはなかなか難しいということです。これは私たちの体験にも当てはまります。言い換えれば、人は自分にはすこぶる寛大であり、他人には非常に厳しいということです。だれしも身に覚えのあることです。赦さなければならないということは理屈でわかっていても、感情と行動が伴わなくて苦しみ続けている現状があります。これらのことから、心の中に大きな緊張とストレスと闇が生まれてきます。しかし、その事態に気づくことは恵みであると言えます。「実を結ばない暗闇のわざに加わらず、むしろ、それを明るみに出しなさい」（エペソ五・一一）と、使徒パウロが述べているようにです。そして、イザヤの預言をもとに教えてくれます。

「眠っている人よ、起きよ。死者の中から起き上がれ。そうすれば、キリストがあなたを照らされる。」（同一四節）

(2) キリストに照らされるとは

他人の罪を赦すことの困難さは、どこから来るのでしょう。どのように克服できるのでしょう。罪を赦すことの困難さは、その根底に高ぶりの罪が横たわっているからです。それは大きな鋼鉄の壁のように立ちふさがる「自我」です。悔い改めを阻む自我の壁が、自己防衛の砦となってみことばに従うことを拒み、砕かれることを拒否します。

しかし、私たちの心の王座に居座っている自我を砕いて、高ぶりもろとも木っ端みじんに粉砕してくださるお方がおられます。その方は、神であられたのにご自分を空しくして、しもべの姿をとり、自らを低くして、死にまで、それも十字架の死にまで従われました（ピリピ二・五～八参照）。私たちが、この絶望的な罪と死の中から起き上がって、カルバリの丘で十字架にかけられたキリストのもとに行くならば、主にあって光とされ、光の子どもとして歩み始めるのです。そして、光は実を結びます。カルバリの丘の十字架の上に、両手両足を刺し貫く大きなくぎを打たれ、吊るされたとき、主は、信じられないようなことばを叫ばれました。

「父よ、彼らをお赦しください。彼らは、自分が何をしているのかが分かっていないのです。」（ルカ二三・三四）

主は、ご自分を大きなハンマーで打ち砕く兵士たちが、何をしているのかわからないでいることをご存じでした。同じように、ご自分を鞭で打ち、あざけり、裏切っていた者たちの無知を知っておられたのです。この人々は、他人の罪を赦せない私たちの姿そのものではないでしょうか。

カルバリの丘の私たちの主を間近に見上げることにまさって、私たちの自我を砕くものはほかにないのです。それはあの「丘にたてる粗削りの」という、賛美の歌詞そのものではないでしょうか。

一　丘に立てる　荒削りの　十字架にかかりて
　救い主は　人のために　捨てませりいのちを
　※十字架にイェス君　われを贖いたもう
　　十字架の悩みは　わがつみのためなり

（『教会福音讃美歌』一一八番）

私たちのグローリア礼拝堂の南側壁に、まさに荒削りの大木の十字架が、信仰のシンボルとして掲げられています。

(3) みことばに照らされることによって

カルバリの丘で主の十字架の愛に崩れ落ちたペテロのことを思いつつ、「十字架の悩みは我が罪のため」と賛美をささげました。そのペテロは、かつて変貌の丘で栄光のキリストを仰ぎ見たことを思い出しています。

「夜が明けて、明けの明星があなたがたの心に昇るまでは、暗い所を照らすともしびとして、それに目を留めているとよいのです。」（Ⅱペテロ一・一九）

人の罪を赦せない自分の暗い所を照らすもう一つが、預言のみことばです。「あなたのみことばは　私の足のともしび／私の道の光です」（詩一一九・一〇五）、また、同じ一三〇節には「みことばの戸が開くと　光が差し／浅はかな者に悟りを与えます」との約束も有名です。

ここで、宗教改革者マルティン・ルターの祈りが参考になります。「神さま、……

あなたは私どもを助けてくださいます。……それを告げ、それをわからせてくださるのは、みことばです。ですから、そのみことばに固く取りすがって生きたいと願います。みことばにぶらさがって祈り続けます」（加藤常昭『祈りへの道』教文館、二二八頁）。「みことばにぶらさがって」ということばは、詩篇にはありません。しかし、ルターはこの詩篇の祈りから、みことばに取りすがり、ぶらさがって祈る祈りを身に着けたのです。人を「赦せない」という自分の感情や意志よりも、主イエスの「わたしもあなたにさばきを下さない」（ヨハネ八・一一）というみことばにぶらさがって祈り続けるのです。

もう一つのみことばは「思い出さない」ということばです。これも「赦し」を可能にする一つの方法かもしれません。「わたしは、もはや彼らの罪と不法を思い起こさない」（ヘブル一〇・一七）に、旧約預言の引用があります。創造主なる神は、「わたし、このわたしは、わたし自身のためにあなたの背きの罪をぬぐい去り、もうあなたの罪を思い出さない」（イザヤ四三・二五）と言われます。人の罪を赦せないという怨念の塊のような私であっても、罪深いこの私の罪を思い出さないと言われる方に、「この私はあなたのようにはできません」と言うことができるでしょうか。そのとき、不思議なことに赦す心が生まれてくるのを経験することしばしばです。

罪の赦しに伴う祝福

罪を赦すことの難しさを知ると同時に、それを可能にする神さまのあわれみと恵みによって光の中を歩くものとされることを学びました。「私たちに負い目のある人たちを赦します」と祈って、主のみこころを行えることはなんと幸いなことでしょう。最後に、赦しには大きな祝福が伴うことを取り上げます。

(1) たましいに与えられる神との平和

二〇世紀最大の世界的伝道者ビリー・グラハムの名著『神との平和』（いのちのことば社）が思い浮かびます。聖書では、やはり使徒パウロが書いているローマ人への手紙のことばがこのことを述べています。

「こうして、私たちは信仰によって義と認められたので、私たちの主イエス・

キリストによって、神との平和を持っています。」（五・一）

これらが示しているように、自分の罪を悔い改めて、救い主であるイエス・キリストを信じたときに、私たちは罪が赦され、義と認められるとともに、魂に平安が与えられました。それまでは、神に敵対する人生でした。同じ五章の一〇節に、「敵であった私たちが、御子の死によって神と和解させていただいたのなら」とあるからです。パウロはその若い日に、キリスト教徒に対する戦闘的大迫害者でした。ダマスコの途上で復活のイエス・キリストに出会い、「サウロ、サウロ、なぜわたしを迫害するのか。とげの付いた棒を蹴るのは、あなたには痛い」（使徒二六・一四）という主イエスの語りかけを聞きました。彼はそこで神の前に降伏して、主イエスによって「神との平和」の状態に入りました。

このように神に降伏するという救いの経験がある人であったので、神から離れていた惨めな人生から、神との和解に入れられた生涯がどんなに幸せであるかを語ることができたのです。その表現が、先ほどの五章一節なのです。パウロのような劇的な回心の経験がなくても、救いの経験の大小を問わず、人それぞれに「神との和解」という恵みの経験があるのではないでしょうか。私にも確かに身に覚えがあります。今ここで、主イエスのおことばを味わいましょう。主は、十字架にかけられる前に言われました。

「わたしはあなたがたに平安を残します。わたしの平安を与えます。」（ヨハネ一四・二七）

そして、復活された週の初めの日の夕方、密室の中の弟子たちに現れ、「平安があなたがたにあるように」（同二〇・一九）と言われました。さらにそのすぐ後で、イエスは手と脇腹を示しながら再び言われたのです。

「平安があなたがたにあるように。」（同二一節）

その場にいなかった弟子のトマスは一週間後の日曜日、再び鍵で閉ざされた部屋の中に現れた復活のイエスから「平安があなたがたにあるように」（同二六節）と言われました。この「平安」というギリシア語は、「平和」と同じことばです。

(2) 人間関係における平和

たましいの中に神との平和を持っている人は、やがて他の人との間に平和な関係を作り出すことができます。主イエスは、復活後に弟子たちに現れたとき、派遣の命令をされました。

「平安があなたがたにあるように。父がわたしを遣わされたように、わたしもあなたがたを遣わします。」
（ヨハネ二〇・二一）

さらに続けて言われました。

「こう言ってから、彼らに息を吹きかけて言われた。『聖霊を受けなさい。あなたがたがだれかの罪を赦すなら、その人の罪は赦されます。赦さずに残すなら、そのまま残ります。』」
（同二二、二三節）

私たちは自分の罪を赦され、心の中に神との平和を与えられたとき、ほかの人との関係においても具体的な平和を作り出していくことができます。それを可能にしてくださるのは、主イエスを信じた者に宿る聖霊（御霊）です。使徒パウロが愛弟子のひとり、テトスに書き送った手紙で、「神は、……聖霊による再生と刷新の洗いをもって、私たちを救ってくださいました。神はこの聖霊を、私たちの救い主イエス・キリストによって、私たちに豊かに注いでくださったのです」（テトス三・五、六）とあるように、イエス・キリストを聖霊によって主と告白した者は、再生したときから聖霊を受けているのです。ですから、御霊（聖霊）によって導かれ、御霊の実を結ぶようになります。「御霊の実は、愛、喜び、平安、寛容、親切、善意、誠実、柔和、自制です」（ガラテヤ五・二二、二三）とあるように、平安は肉のわざではありません。

かつて、日本のビリー・グラハムと称され、日本福音クルセード主幹であられた、故・本田弘慈師はその著書『幸福の条件』（いのちのことば社）において、「人と人との間の平和」の項目の中で以下のように述べておられます。

「キリストを信じる時、人を赦すことができるのです。人を愛することができるようになるのです。そこに、人と人との平和が生まれてきます。クリスチャンがお互いを〝兄弟姉妹〟と呼ぶのは、この和解、平和をお互いに持つことができるからです。そして、それは一民族ではなく、一国家ではなく、どこの民族どこの国の人とも相和することのできる者としてくださったのです」（四五頁）。

むすび

コロサイ人への手紙に、「この福音は、あなたがたが神の恵みを聞いて本当に理解したとき以来、世界中で起こっているように、あなたがたの間でも実を結び成長しています」（一・六）と書かれています。そして、三章で新しい人を着た者として、互に赦し合いなさい、「キリストの平和が、あなたがたの心を支配するようにしなさい」（三・一五）と勧めています。平和の君、キリストご自身が私たちの心に住み、私たちをご支配くださいます。これこそ大きな祝福と言わねばなりません。

クリスチャンとは、キリストによって神との平和を与えられた者です。ですから、隣人との間にいつも平和を作り出し、平和の福音を人々に伝える務めを果たしていくのです。「私たちも、私たちに負い目のある人たちを赦します」というこの祈りが、やがて生活における現実の祈りとなるとき、私たちの生活は本当に祝福に満ちたものになってきます。

X　私たちを試みにあわせないでください

私たちを試みにあわせないで、悪からお救いください。

マタイの福音書六章一三節

4 あなたがたは、罪と戦って、まだ血を流すまで抵抗したことがありません。
5 そして、あなたがたに向かって子どもたちに対するように語られた、こ
の励ましのことばを忘れています。
「わが子よ、主の訓練を軽んじてはならない。
主に叱られて気落ちしてはならない。
6 主はその愛する者を訓練し、受け入れるすべての子に、むちを加えられ
るのだから。」
7 訓練として耐え忍びなさい。神はあなたがたを子として扱っておられる
のです。父が訓練しない子がいるでしょうか。

8もしあなたがたが、すべての子が受けている訓練を受けていないとしたら、私生児であって、本当の子ではありません。

9さらに、私たちには肉の父がいて、私たちを訓練しましたが、私たちはその父たちを尊敬していました。それなら、なおのこと、私たちは霊の父に服従して生きるべきではないでしょうか。

10肉の父はわずかの間、自分が良いと思うことにしたがって私たちを訓練しましたが、霊の父は私たちの益のために、私たちをご自分の聖さにあずからせようとして訓練されるのです。

11すべての訓練は、そのときは喜ばしいものではなく、かえって苦しく思われるものですが、後になると、これによって鍛えられた人々に、義という平安の実を結ばせます。

ヘブル人への手紙一二章四～一一節

はじめに

いよいよ主の祈り第六番目の祈りです。ようやくここまでこぎつけてきた、という思いがあります。少しはお役に立てているでしょうか。主の祈りの全体の後半も三つの願いの祈りです。生活・人間関係・誘惑の課題が取り上げられています。日ごとの糧と負い目と誘惑の三つです。毎日の食事も日々の人間関係のもつれの解決も、その必要性は日常生活の中で必須です。その続きが三つ目の誘惑からの守りです。そこで、今回も第六の祈りを二回に分け、その前半から学びます。

「試み」とは何か

「試み」は何を意味しているのでしょうか。『聖書　現代訳』は、「わたしたちを誘惑におとしいれないでください」と訳しており、私たち西大寺キリスト教会ではなじみ深いことばです。試みと誘惑は、同じギリシア語から訳されています。「ペイラスモス」ということばです。このことばが語られている箇所から意味を探りましょう。その意味は試練と誘惑です。

(1)「誘惑」

私たちの教会がいつもささげている「主の祈り」にある、『聖書　現代訳』の訳している「誘惑」の意味から先に考えましょう。これはだれでも知っているイエスが受けた悪魔の試みの事件に出てくることばです。マタイとルカの福音書には、両方とも四章に記されています。『聖書　現代訳』はルカの福音書の二節と一三節で「誘惑」と訳しています。同じことばが使われている聖書箇所ではどうでしょうか。ルカの福音書八章一三節と二二章二八節では「試練」と訳し、同じ二二章の四〇、四六節では「誘惑」になっています。

つまり、試練または誘惑のどちらでも訳すことができるのです。このようにどちらに訳しても矛盾しません。さらに、使徒ペテロの第一の手紙で同じことばがあります。『聖書　現代訳』は、「あなたがたを試みるために降りかかって来る、火のような試練を、何か思いがけないことが起こったかのように驚きあやしむことなく」（四・一二）

と訳し、同じ一章六節でもやはり試練で通しています。

⑵「試み」

以上を踏まえ、新改訳2017との比較をします。主イエスが受けた悪魔の試みの出来事は、新改訳2017では、マタイの福音書四章一節と三節において「試み」または「試みる者」となっています。ルカの福音書ではどうでしょう。やはり四章二節、一三節ともに、「試み」で一貫しています。また、ルカの福音書八章、二二章においても『聖書　現代訳』同様に訳されています。同じことばを文脈に応じて「試練」と「誘惑」とに使い分けています。

主の晩餐の席で「あなたがたは、わたしの様々な試練の時に、一緒に踏みとどまってくれた人たちです」(ルカ二二・二八)と言われました。その夜、オリーブ山で主イエスは弟子たちに繰り返して、「誘惑に陥らないように祈っていなさい」(同四〇節)、「誘惑に陥らないように、起きて祈っていなさい」(同四六節)と命じられました。

誘惑と試練の違いはこの後でさらに詳しく述べますが、ここで「誘惑」でも「試練」でもなく、「試み」としたのは以上の理由によるからです。このことも次項で申し上げます。

誘惑でも試練でもなく

(1) 誘惑者はだれか

前に言ったように、ギリシア語の「ペイラスモス」は、ことばの上で誘惑とも試練とも試みともどれにも訳せるのですが、新改訳２０１７は主の祈りにおいて、その中から「試み」という訳を用いています。これは私の推測ですが、私の個人的理解として受け止めていただきたいのです。

「誘惑」にすると、神さまが私たちを誘惑しておられるような誤解を与える危険性があります。あの荒野の試みはだれによる試みだったのでしょうか。神さまが主イエスを誘惑されたという感じ方をする人がおられると思います。この出来事を記したマタイとルカの記事を注意深く読むならば、誘惑者は悪魔であったと明確に書いていますす。主の兄弟ヤコブは、このような誤解がないように説明しています。

「試練に耐える人は幸いです。耐え抜いた人は、神を愛する者たちに約束された、いのちの冠を受けるからです。だれでも誘惑されているとき、神に誘惑されていると言ってはいけません。神は悪に誘惑されることのない方であり、ご自分でだれかを誘惑することもありません。人が誘惑にあうのは、それぞれ自分の欲に引かれ、誘われるからです。」

（ヤコブ一・一二〜一四）

そこで私は、マタイの福音書六章一三節の「私たちを試みにあわせないで」という、新改訳２０１７をベターな訳であると考えます。

⑵ 誘惑に陥る原因は欲望

ヤコブはここで、人が誘惑に陥るのは、神によって誘惑されたからではなく、自分の欲に引かれた結果であると言っています。主イエスを誘惑した悪魔のことばは「もしひれ伏して私を拝むなら、これをすべてあなたにあげよう」（マタイ四・九）でした。これは、この世のすべての国々とその権力と栄華を見せて言ったのですが、この誘惑は実に魅力的なものでした。だれしもこの誘惑の虜になって悪魔と手を組んでしまう弱さに絡みつかれています。それは、欲望の虜であり、自己中心的な罪の中に生まれてきたからです。かつての美少年、神を愛する純真な汚れなき羊飼いダビデが、功成り名を遂げて王となった後、恐ろしい大罪を犯し、やがて神に悔い改めた祈りにもあります。

「ご覧ください。私は咎ある者として生まれ／罪ある者として　母は私を身ごもりました。」
（詩五一・五）

欲望は、造り主よりも自己を神とする偶像崇拝の罪なのです。「ですから、地にあるからだの部分、すなわち、淫らな行い、汚れ、情欲、悪い欲、そして貪欲を殺してしまいなさい。貪欲は偶像礼拝です」（コロサイ三・五）にあるようにです。このことは、ローマ人への手紙にも、人間の罪として告発されています。

「彼らは神の真理を偽りと取り替え、造り主の代わりに、造られた物を拝み、これに仕えました。」
（ローマ一・二五）

欲と言えば、使徒ヨハネの晩年の手紙の箇所も思い起こします。

「すべて世にあるもの、すなわち、肉の欲、目の欲、暮らし向きの自慢は、御父から出るものではなく、世から出るものだからです。世と、世の欲は過ぎ去ります。しかし、神のみこころを行う者は、永遠に生き続けます。」

（Ⅰヨハネ二・一六、一七）

⑶ 私たちの弱さを知り、同情し、とりなしてくださる主

ヘブル人への手紙は、迫害下にある離散したユダヤ人クリスチャンの慰めと励ましのために書かれたと言われています。その二章一七、一八節に次のようにあります。

「したがって、神に関わる事柄について、あわれみ深い、忠実な大祭司となるために、イエスはすべての点で兄弟たちと同じようにならなければなりませんでした。それで民の罪の宥《なだ》めがなされたのです。イエスは、自ら試みを受けて苦しまれたからこそ、試みられている者たちを助けることができるのです。」

これで十分ですが、同じ四章のみことばを引用します。

「私たちの大祭司は、私たちの弱さに同情できない方ではありません。罪は犯しませんでしたが、すべての点において、私たちと同じように試みにあわれたのです。」（ヘブル四・一五）

この後の一六節の勧めは「ですから私たちは、あわれみを受け、また恵みをいただいて、折にかなった助けを受けるために、大胆に恵みの御座に近づこうではありませんか」と呼びかけてくれるのです。

試練の効能

(1) 試練は愛と訓練のため

試練は信仰者の信仰を吟味し、訓練し、鍛えます。誘惑は先に見たように、信仰者を堕落させ、神への信頼を損なわせようとします。この試練と誘惑のはざまで、旧新約の聖徒たちがいかに苦悩したかが、赤裸々に、克明に、しかも数多く記されています。世々の聖徒たちも同じ道を歩みました。その代表的人物は、信仰の父アブラハムです。神さまは約束の子イサクをささげるようにと言って、「アブラハムを試練にあわせられた」（創世二二・一）。そして、試練の後すばらしい祝福を再び約束されたのです（同二二・一～三、二二・一六～一八）。

試練は予想もしないときに、思いがけない形で晴天の霹靂《へきれき》のように訪れます。病気になる、事業に失敗する、事故に見舞われる、災害に巻き込まれるなどです。通常の生活の中で、牧会者は神の家族の悩み事の相談と祈りの要請に立ち向かいます。ひとりわが事、わが家のことにとどまらず、神の家族のすべてのことに向かい合うのです。教職のみならず教会の兄弟姉妹が相互に祈るとき、主の祈りがどれほど力強く感じられることでしょう。試練は、愛する子どもを訓練するために与えられました。その目的は「霊の父は私たちの益のために、私たちをご自分の聖さにあずからせようとして訓練されるのです」（ヘブル一二・一〇）とあるとおりです。旧約の聖徒は言いました。

「苦しみにあったことは　私にとって幸せでした。／それにより　私はあなたのおきてを学びました。」

（詩一一九・七一）

このみことばが、現代の苦難の中にあるクリスチャンの日々の現実となりました。あの、星野富弘さんのように。

⑵ 試練のかたち

試練はさまざまなかたちで訪れます。それは、つらく悲しいものとは限りません。主イエスの荒野の試みは甘美な誘惑のかたちで訪れ、アダムとエバがエデンの園で受けた試練は甘く、見るからにおいしそうな、穏やかに二人の心を快くくすぐるものだったのです。試練は誘惑と境界線を引くことができないほど重なりあってやってきます。試練は避けられないのです。それではなぜ、試練にあわせないでくださいと祈るのでしょうか。

私は、クリスチャンになる前に勇ましい山中鹿之助のようになりたいと思っていました。「我に七難八苦を与えたまえ」だったと思います。しかし、主イエスの救いにあずかってからは、この主の祈りが大好きになりました。私は弱く、試練に耐えられない、風に吹き飛ばされる木の葉のような存在であることが、身にしみてわかってきたからです。ここでも、だれもが大好きなみことばを掲げたいと思います。

「あなたがたが経験した試練はみな、人の知らないものではありません。神は真実な方です。あなたがたを耐えられない試練にあわせることはなさいません。むしろ、耐えられるように、試練とともに脱出の道も備えていてくださいます。」

（Ⅰコリント一〇・一三）

試練そのものは良くも悪くもなるものです。ある意味で中立です。試練を悪用して神から離れさせようとする悪いものがいるので、試練（試み）にあわせないでくださいと祈らなければなりません。

むすび

この項の最後に、欲と滅亡についてお話しします。

先ほどのヤコブの手紙一章一五節に、「欲がはらんで罪を生み、罪が熟して死を生みます」とあります。欲と滅亡の相関関係です。よく言われるように、「ふとしたことで魔がさしてしまったようです」というようなことが、落とし穴として待ち受けています。その後引用した、老ヨハネの「世と、世の欲は過ぎ去ります。しかし、神のみこころを行う者は永遠に生き続けます」（Ⅰヨハネ二・一七）も、欲と滅亡の驚くべき対照を示しています。神を信じて神に従う者の将来と、神よりもこの世に信を置き、この世に従う者の恐ろしい定めとの違いです。一方は、神の救いの賜物の永続性であり、もう一方は、この世とその財の空しさが強調されているのです。

ただここで、確認しておきたいことがあります。ヨハネの手紙第一は、この結論を見据えて味わわなければならないということです。

「御子を持つ者はいのちを持っており、神の御子を持たない者はいのちを持っていません。

神の御子の名を信じているあなたがたに、これらのことを書いたのは、永遠のいのちを持っていることを、あなたがたに分からせるためです。」

（五・一二、一三）

これが、私たちの持たねばならない確信です。いたずらに、自分の救いの確かさを疑うべきではありません。説教者はこの事実を確信をもって福音のメッセージとして語ります。この後書かれている、「死に至る罪」（同一六節）は、永遠の死を招く罪でもあり、罪人が悔い改めてキリストの救いを拒む罪のことです。いま一度、「イエスがキリストであると信じる者はみな、神から生まれたのです」（同一節）という宣言を感謝しましょう。ここで、ユダの手紙の頌栄をもって祈ります。

「あなたがたを、つまずかないように守ることができ、傷のない者として、大きな喜びとともに栄光の御前に立たせることができる方、私たちの救い主である唯一の神に、私たちの主イエス・キリストを通して、栄光、威厳、支配、権威が、永遠の昔も今も、世々限りなくありますように。アーメン。」

（ユダ二四、二五節）

XI 私たちを悪からお救いください

私たちを試みにあわせないで、悪からお救いください。

マタイの福音書六章一三節

10 終わりに言います。主にあって、その大能の力によって強められなさい。
11 悪魔の策略に対して堅く立つことができるように、神のすべての武具を
身に着けなさい。
12 私たちの格闘は血肉に対するものではなく、支配、力、この暗闇の世界
の支配者たち、また天上にいるもろもろの悪霊に対するものです。
13 ですから、邪悪な日に際して対抗できるように、また、一切を成し遂げ
て堅く立つことができるように、神のすべての武具を取りなさい。
14 そして、堅く立ちなさい。腰には真理の帯を締め、胸には正義の胸当て
を着け、15 足には平和の福音の備えをはきなさい。

16これらすべての上に、信仰の盾を取りなさい。それによって、悪い者が
放つ火矢をすべて消すことができます。
17救いのかぶとをかぶり、御霊の剣、すなわち神のことばを取りなさい。
18あらゆる祈りと願いによって、どんなときにも御霊によって祈りなさい。
そのために、目を覚ましていて、すべての聖徒のために、忍耐の限りを尽く
して祈りなさい。
19また、私のためにも、私が口を開くときに語るべきことばが与えられて、
福音の奥義を大胆に知らせることができるように、祈ってください。
20私はこの福音のために、鎖につながれながらも使節の務めを果たしてい
ます。宣べ伝える際、語るべきことを大胆に語れるように、祈ってください。

エペソ人への手紙六章一〇～二〇節

はじめに

主の祈り、最後の第六の祈りの後半です。毎回のことですが説教題を決めることが大変難しいのです。内容全体にかかわり、結論にふさわしいかどうかが問われます。題ですべてが決まると言っていいでしょう。あるいは、説教題によっては、台無しになってしまいかねません。はじめに題を決める場合も、決まらない場合も、途中で題を修正する場合も、最後の最後で決めることもあります。ともかく今回はこのように決めました。それでは、この説教題にしたがってお話しします。

「悪から」か「悪魔から」か

説教題を決めることは難しいのですが、聖書のみことばを正しく理解しわかりやすく伝えることも大変困難です。使徒パウロは、「私が口を開くときに語るべきことばが与えられて、福音の奥義を大胆に知らせることができるように、祈ってください」

（エペソ六・一九）と、祈りの要請をしています。まして、私ごとき者が今日までみことばの御用を務めてこられたのは、日々祈ってくださる多くの方々の祈りの賜物です。そして今、この聖書箇所の解き明かしのためにも、大いに喜びながら苦闘しています。

(1) どの訳を選ぶのか

新改訳２０１７は一三節後半を「悪からお救いください」と訳しました。その脚注に「悪から」について、「あるいは『悪い者』」と注釈しています。私たちの教会が今まで用いてきた〝主の祈り〟（『聖書　現代訳』）には、「私たちを悪い者から救い出してください」となっています。

つまり訳語としては「悪」と「悪い者」は、どちらも成り立つのです。専門的なことですが、簡単に言えば原語のギリシア語の文法上では、「悪い者」とも、「悪」ともとれます。もう一度言いますが、言語的にはどちらともとれる微妙なことばなのです。ですから、だれでも「あの訳はいい」とか「この訳は悪い」とか、個人的主観に立って簡単に批判すべきではありません。両方に意味があるのですから。名だたる聖書学者たちが、研鑽と努力を重ね、長い間の祈りと協議の中で編み出した貴重な、教会、教派を背景にしている公同訳聖書の中で、両方の訳がなされています。聖書の諸翻訳は、それぞれに尊重しつつ、感謝して読むべきものと心得なければなりません。しかし、すべての説教者は自分の責任においてどちらかの解釈を選択しなければなりません。

(2)「悪から」ととれば

新改訳2017は、なぜ「悪から」と訳すことを選んだのでしょうか。従来の文語訳も同じ選択をしています。私の推測ですが、この世には多くの悪が存在し、だれもがその悪に陥る可能性があります。ですから〝主の祈り〟においては、「悪」を一般的な意味で用いていると考えたのでしょうか。その場合、悪の定義をすることが必要です。

悪には二種類あります。一つは、私たちの外側にある悪です。たとえば環境の悪さです。それは「問題、悲しみ、必要、病気、敵対者」などです。この原稿を書いている現在、私たちの置かれている環境は、新型コロナウイルス感染症の世界的感染爆発という状況です。世界中の人々が悲鳴をあげています。このとき、クリスチャンであるか否かを問わず、「私たちを悪からお救いください」と当然のように祈ります。

悪の二つ目の定義は、私たちの内面にある悪であり、腐敗というものです。人間の内面にある悪の起源はさておいて、その存在の事実に目を留めなければなりません。俗に、ことわざで「罪を憎んで人を憎まず」と言います。これは、悪にも当てはまるでしょう。罪や悪を憎んで、罪人や悪人を憎むことをしないのは、自分の中にある罪や悪の自覚があるからです。俗なことわざで言えば、まさに「目糞鼻糞を笑う」にならないためです。人はお互いすべて「五十歩百歩」なのですから。あの、だれもが共感する使徒パウロの告白と救いを求める叫び声が聞こえてきます。

「私は、したいと願う善を行わないで、したくない悪を行っています。……私は本当にみじめな人間です。だれがこの死のからだから、私を救い出してくれるのでしょうか。」

（ローマ七・一九、二四）

主イエスは十字架前夜、「わたしがお願いすることは、あなたが彼らをこの世から取り去ることではなく、悪い者から守ってくださることです」（ヨハネ一七・一五）と御父に祈っておられます。『聖歌』五八〇番「主はガリラヤ湖の」の三節「罪の世にありて　罪に汚れず　憂いを慰め　疲れを癒し　汝が側にありて　常に勝たしむ　いのちの道なる　われに従え」と歌いつつ、この祈りを日々ささげましょう。

(3)「悪い者から」とすれば

この一三節後半を、口語訳（協会訳）は「悪しき者から」と訳し、新共同訳は「悪い者から」としています。善であり、義であり、聖であられる神さまに対立するものは、この世であり、この世の君「悪魔」であるという聖書の大きな図式から見るならば、「悪い者」と訳すことができるからでしょう。先に、誘惑者悪魔の存在は当然のこととして言いました。悪魔は堕落した天使の頭《かしら》です。しかし、悪魔の存在の証明は神の存在の証明以上に難しいことです。悪魔はその存在をあいまいにし、不安と恐れだけを人に与え、力を誇示し、その正体を現そうとしません。

それでも私たち主イエスを信じる者は、悪魔の存在を確信するべきです。なぜなら、主イエスは悪魔の存在を知り、悪魔の誘惑を受け、悪魔と戦い、悪魔に勝利されました。さらに、敬虔なキリスト者は悪魔を体験的に知っているのです。彼らは神に従おうとするとき、悪魔の攻撃にさらされるからです。そのとき、どうしても「私たちを試みにあわせないでください」と祈らずにおれません。それは悪魔からくる誘惑という攻撃です。悪魔は光の天使の姿をして私たち主を信じる者に近づいてきます。（Ⅱコリント一一・一四）

前に、「試み」について学んだように、聖徒たちの戦いは、どのような姿をしていても、本質的には悪い者サタンとの戦いです。悪い者すなわち悪魔は、私たち人間の欲と自我に傾く生来の傾向と、再生後の肉の働きに付け込んで罪を犯させようとするのです。また、悪しき者は、私たちの内に潜む悪を焚きつけたり、困難な状況という外からくる悪に乗じて罪を犯させるのではありませんか。サタンはゼカリヤ書三章一節によれば、「訴える者」と言われています。つまり、「告発する者」です。さらに、「敵である悪魔が、吼《ほ》えたける獅子のように、だれかを食い尽くそうと探し回っています」（Ⅰペテロ五・八）。このように学んできた私たちは、私訳『聖書　現代訳』の訳も、今まで以上に味わうことができます。「かえって、私たちを悪い者から救い出してください」と、ひれ伏して祈りましょう。

「お救いください」

(1)単なる弱音ではなく確信に満ちた切実な祈り

これは情けない悲鳴のように聞こえます。くだらない弱虫の嘆き節の感じに取れます。そうでしょうか。すでに、負い目について学び、試みに耐えられない現実の自分に気づいておられるならば十分おわかりのように、この祈りのことばは、真実で切実な祈りなのです。聖霊によって起こされる悔い改めの信仰の告白です。私の神学校時代のキリスト教倫理学の教師、フリーメソジストの永井先生から受け継いだ霊の遺産、『讃美歌』五一一番があります。ここまで原稿を書いてきて、いきなりこの賛美があふれてきました。

二　罪のみ積もりて　功《いさお》はなけれど、
なお主の血により　救いたまえ
※イエスきみよ、このままに

我をこのままに　救い給え。

前後しますがその一節は、「み赦しあらずば　滅ぶべきこの身　我が主よ、あわれみ　救い給え」です。授業中、この賛美を静かに、身を震わせつつ賛美されたお声とお姿が、五十数年後の今もそしていまだに目に焼き付いていています。鼻ひげを蓄えられた和服姿の当時初老期の永井牧師が、しわがれ声で切々と語り続けられました。「きみたち、この讃美歌の歌詞がキリスト教信仰だよ。わかるかね。折返しの『このままに我をこのままに』の箇所が味わい深いんだよ。」確かこのときだったと思うのですが、「きみたち、伝道と牧会は、魂の真実と真実のぶつかり合いだよ」とのおことばも耳について離れない至玉のことばです。

⑵「救い」の二通りの意味

まずは「助け出してください」という意味についてです。主イエスは祈りや願いの意志の確かさを求めておられます。三十八年もの間、ベテスダの池のほとりに座っていた人に、「良くなりたいか」（ヨハネ五・六）と聞かれました。長血を患っている女が、イエスの衣に触れたことに気づいておられたのに、「だれがわたしの衣にさわったのですか」と聞いて、この女がイエスの前に名乗り出ることを待たれたのです（マルコ五・二五～三四）。それは、祈りにおいても祈り手の真実さを求めておられることに通じるように思えます。

二つ目の意味は、「お守りください」です。信仰者の人生にも大きな危険が横たわっています。その最たる危険は滅びる危険です。前にも言いましたが、ちょっとした気のゆるみから来る滅びが、大きな口を開けて待ち受けています。だれが「お救いください」と祈らずにおられるでしょうか。

私は神学校時代、大きな悩みを持つ同級生の相談に乗っていました。彼の悩みは、自分が信仰から脱落して滅んでしまうことはないかということでした。彼は、大きな事故の後遺症を背負い、信仰によって二つの神学校に学んでいる忠実な信仰者でした。幸い、彼は私の拙いカウンセリングで立ち直り、やがて若い人への文書伝道に貢献し、少し前に伝道者の生涯を立派に貫いて主の御前に召されていきました。問題は、私です。神学校三年生の私自身に、コロナのような不信仰のウイルスが感染したのです。その悩みと葛藤の結論が、「あなたの堕落は可能か」という小論文でした。出版しなかったのですが、私の信仰の土台となりました。求められてもいない卒業論文として、ガリ版刷りの小冊子にして残っています。カルヴィニズムの五特性のひとつ「聖徒の堅忍」を知らないときの苦心作です。私は、神の主権と十字架のことばという、神のご意志によって救いが保証されるという確信に立つことができました。「私たちを悪からお救いください」という主の祈りが聞かれたのです。

「十字架のことばは、滅びる者たちには愚かであっても、救われる私たちには神の力です。」（Ⅰコリント一・一八）

ところであなたは、自分の救いの確かな守りを信じておられますか。その小論を畏れ多くもお送りした先生の中から書評までいただきました。尾山令仁先生、後藤光三先生です。これらの先生方とご子息たちとの交流も、後になって不思議な主の摂理の中で与えられました。詳しいことは今書きませんが、主の恵みの物語がそれぞれの方々とありました。いつか御国で感謝を伝えたいと願っています。

(3) 神さまはご自身の子どもを悪魔の策略から救出される

天の父はいつもご自身の子どもとともにおられます。主のしもベモーセが「この民を連れ上れ」という神の命令を受けたとき、約束のことばもいただきました。「わたしの臨在がともに行き、あなたを休ませる」（出エジプト三三・一四）です。英国宣教師B・F・バックストンによって起こされた、日本伝道隊のスピリットであり、さらにその流れをくむ日本イエス・キリスト教団の創立理念の聖句でした。

私は、若い日にそこで培われた信仰を、教団から離れ単立教会となってから今に至るまで受け継いできました。いわゆる「臨在信仰」です。「我自ら汝と共に行くべし。我汝をして安らかにならしめん」という文語訳で暗唱しています。西大寺キリスト教会が単立になったとき、必要に迫られて信仰告白文を作りました。いわゆる「教会憲法」です。その後半に次の一文を草しました。「イエス・キリストの臨在の聖前における聖潔で祈り深い生活を送り」という一節です。それは、私の長い間の牧会伝道において、ウリムとトンミム（旧約時代の大祭司が胸当てにつけていた権威を示す表象）のようでした。常にこのみことばを唱えてから主の用に臨みました。私にとって、今はやりのルーティーンに当たるものでした。神の子たちは、みことばと聖霊によってキリストの臨在を鋭く自覚し、悪魔の試みはその衝撃力を奪われ、悪の力は雲散霧消してしまうのです。

さらに、天の父の教えてくださる悪魔に対する対抗策は、悪を避け（Ｉテモテ六・一一）、神の子の内に宿らせた御霊によって、自分の救いの達成の志を立てさせてくださるのです。（ピリピ二・一三、一四）これも、霊的信仰の遺産です。これを表すことばが「内住の御霊の奥義」です。

「この奥義とは、あなたがたの中におられるキリスト、栄光の望みのことです。」（コロサイ一・二七）

前に紹介した、拙著『いつ聖霊を受けるのか』も、読んでいただきたいものです。再版のとき、もったいなくも新約聖書学者宮村武夫先生が推薦のことばを下さいました。「徹底した聖書信仰と徹底した聖霊信仰である」と。

そのころ、宮村武夫著作刊行委員会の委員長のお役を仰せつかっていた私に、宮村先生が言われたおことばを思い出します。「赤江先生のこの本は、私の著作全集をぎゅっと凝縮したようです。」

「悪魔の策略に対して堅く立つことができるように、神のすべての武具を身に着けなさい」（エペソ六・一一）という使徒パウロの勧めを聞き、真理と正義と、平和の福音と、信仰と、救いと、御霊と、神のことばと祈りなどの、神が下さった武器によって悪魔の放つ火矢を打ち消すのです。その武器はすでに神の子の手の中にあるのですから。

むすび

最後に確認したいことがあります。悪魔や悪霊に対する極度の恐怖心を持たないようにしてください。悪魔を侮ってはいけません。必要以上に悪しき者、悪魔の力を強調するグループがあります。多くのクリスチャンたちが、自分の受けた試練や問題を、悪しき者のわざにしているのを知っています。しかし、神の子どもの意識する対象は、悪魔ではなく悪魔を滅ぼすことのできるお方が、自分の味方であるということです。

「神が私たちの味方であるなら、だれが私たちに敵対できるでしょう。」

（ローマ八・三一）

悪魔は邪悪な世界の支配者であり、空中の権を握る君であるのですが、悪魔は、神の子どもたちに対する何の権利もないし、天の父の御許しなくして手出ししたり、指一本も触れることができないのです。その最たる例があのヨブの生涯の物語です。それを確信しつつ祈りましょう。「私たちを悪からお救いください」と。

「あなたがたを、つまずかないように守ることができ、傷のない者として、大きな喜びとともに栄光の御前に立たせることができる方、私たちの救い主である唯一の神に、私たちの主イエス・キリストを通して、栄光、威厳、支配、権威が、永遠の昔も今も、世々限りなくありますように。アーメン。」

（ユダ二四、二五節）

XII　神の栄光を祈る祈り

私たちを試みにあわせないで、悪からお救いください。

マタイの福音書六章一三節

1 主に感謝せよ。主はまことにいつくしみ深い。
その恵みはとこしえまで。
2 さあ　イスラエルよ　言え。
「主の恵みはとこしえまで。」
3 さあ　アロンの家よ　言え。
「主の恵みはとこしえまで。」
4 さあ　主を恐れる者たちよ　言え。
「主の恵みはとこしえまで。」

5 苦しみのうちから　私は主を呼び求めた。
主は答えて　私を広やかな地へ導かれた。
6 主は私の味方。私は恐れない。
人は私に何ができよう。
7 主は私の味方　私を助ける方。
私は　私を憎む者をものともしない。
8 主に身を避けることは
人に信頼するよりも良い。
9 主に身を避けることは
君主たちに信頼するよりも良い。
10 すべての国々が私を取り囲んだ。
しかし主の御名によって　私は彼らを断ち切る。
11 彼らは私を取り囲んだ。まことに私を取り囲んだ。

しかし主の御名によって　私は彼らを断ち切る。

詩篇一一八篇一〜一一節

はじめに

いよいよ「主の祈り」講解メッセージの最後です。今までご一緒にお付き合いいただき、感謝いたします。その最後に、主の祈りの最後のことば、「国と力と栄えは、とこしえにあなたのものだからです。アーメン」についてお話しします。

これは祈りというよりも、賛美、頌栄というべきでしょう。そして、私たちの主の祈りの学びを締めくくるにふさわしいことばです。ところで聖書が伝える主の祈りのことばの中には、この頌栄が入っていないのです。今回は、このことから学んでいきます。

聖書本文と古代教会と代々の教会の伝統

聖書における主の祈りは、古代の訳本に従って頌栄で終わるものもあれば、聖書本文に入れない場合もあります。たとえば、新改訳第三版は〔 〕に入れて本文に残していました。ところが、新改訳2017ではこの部分を欄外の脚注に移しています。なぜなら、有力な聖書の写本にはなかったからです。本来の聖書本文になかったけれども、本文が伝達されていく非常に早い段階で挿入され、初代教会からの歴史において重要な意味を持っていたからでしょう。明治訳、ニコライ訳を除いて本文に記載されている邦訳はありません。新改訳第三版以外の邦訳聖書は、すべて本文に、何らかの挿入マークを付けて訳してきました。主の祈りは、あくまでも聖書のことばだけに限定すべきだという考えに立つなら、「悪からお救いください」で終わってもいいでしょう。しかし、古代教会以来の伝統を守ることを模範とするならば、これまで通りのように祈っていけばいいと私は思うのです。

この教会の伝統は、非常にすばらしい伝統です。なぜなら、頌栄は聖書全体を通じて数多く記されています。例を挙げれば枚挙にいとまがありません。頌栄は個人的献身からほとばしる賛美と祈りによって神にささげられてきました。神さまの本質と、そのみわざへの栄光賛美です。聖書本文に記されてきた聖徒たちの頌栄を、主の祈りの締めくくりにささげることは、ふさわしいことであると思います。ここで、宗教改革時代の「ハイデルベルク信仰問答」の締めくくりの「問一二八」を見ておくことにします。

問一二八　あなたはこの祈りを、どのように結びますか。

答　「国と力と栄えとは、限りなくなんじのものなればなり」というようにです。すなわち、わたしたちがこれらすべてのことをあなたに願うのは、あなたこそわたしたちの王、またすべてのことに力ある方として、すべての良きものをわたしたちに与えようと欲し、またそれがおできになるからであり、そうして、わたしたちではなくあなたの聖なる御名が、永遠に賛美されるためなのです。

繰り返して言いますが、代々の教会はこの頌栄が主の祈りの本体部分と一致しているので、これを含めたものを主の祈りとして祈り続けてきたのです。

今一度、この頌栄を味わってください。「国と力と栄えは、とこしえにあなたのものだからです。アーメン。」ところで、私訳『聖書　現代訳』は「御国と力と栄光とは、いつまでもあなたのものです。アーメン」としています。後世の付け加えられたものであることを知りつつ、主の祈りが全体を通して一貫して神の栄光を祈る祈りであることを理由にしています。人は被造物にすぎず、罪人にすぎないものでありながら、主の恵みによる救いにあずかったことの確認と、主への献身の思いを込めているのでしょう。

「国と力と栄え」

前に言いましたように、主の祈りは六つの願いからなっていることはすでにご存じでしょう。この頌栄で賛美されている「国と力と栄光」の三つは、主の祈りの六つの祈りと深く関わっています。

「国」については六章一〇節の「御国が来ますように」という第二の祈りで学びました。それは「神の国」であり、「神の支配」のことでした。神の国はすでに来ており、いまだ到来する約束を待ち続けているということでした。

「力」とは、御国を来らせ、みこころを天と地で行わせ、日ごとの糧を与え、私たちの負い目を赦し、人々の負い目を赦させる力です。特に、「試みにあわせないで、悪からお救いください」との第六の願いを叶えさせる聖霊なる神の力です。

「栄え」つまり「栄光」とは第一の願いである、「御名が聖なるものとされますように」の説明の中で取り上げた事柄です。

「国」と「力」と「栄光」については、先ほど引用した、「ハイデルベルク信仰問答」の問一二〇～一二七の問答で詳しく述べられています。こうして、主の祈りの頌栄・賛美は、主の祈りの全体を一つにまとめあげていることが読み取れます。なるほど、これが代々の教会が唱え続けてきたことの理由であったのかと、うなずけます。

「栄光」について、グローリア礼拝堂のことをご紹介します。神の栄光について、西大寺キリスト教会の新会堂の名称を「グローリア礼拝堂」としました。グローリア礼拝堂の建設について、そのビジョン、命名の由来、建設のための祈りなどは、拙著『聖書信仰に基づく教会形成』第三部に記載しています。そして、建設三年後の二〇二〇年にステンドグラス設置が完成します。ステンドグラスのテーマは、「神の栄光」です。グローリア礼拝堂ステンドグラスの主意は次のようです。

「聖書の神は栄光の神であり、神の栄光とは神に固有なものであり、無限なものであり、その栄光は愛・恵・誠・知恵・力・義・聖さなどという人格的なものである。また、神は無限な方であるから、その栄光も無限である。

創造の初め、人は神のかたちに造られ、神のかたちとしての栄光が与えられていた。しかし、人は主への不従順により堕落し、最初の栄光を失ってしまった。それで御子キリストは、十字架の死に至るまでの徹底した従順によって、人が失った栄光を獲得してくださった。それゆえに、キリストの契約の血によってキリストを信じ、一体とされるものは、すべてこの栄光にあずかることができるのである。キリストにある神の子の栄光を現実のものとしてくださるのは、御霊である。御霊は御子の御霊として働かれ、御子のからだなる教会を建てられる。

グローリア礼拝堂でささげられる礼拝は御霊によって神の子たちが栄光の神を

喜び、賛美し、み言葉によって神との交わりをする場である。その聖なる栄光の神の臨在の事実を喚起する作品であることを目指す。」

長老会でこの理念と方針を決議し、教会総会の総意のもと建設され、多くの匿名の方々の献金のもとに二〇二〇年度の秋にこの作品が完成し、奉献します。この礼拝堂で、会衆一同が主の祈りをささげ、神の栄光をほめたたえる日がほどなく来ることを楽しみにしています。

「とこしえにあなたのもの」

「ウェストミンスター小教理問答」の第四問には、「神は、その存在と知恵、力、聖、義、善、真実において無限、永遠、不変の霊である」と教えられています。この永遠性は時間との関係で見た無限性ではありません。神は時間の創造者として時間を超越して存在し、時間に縛られない方であるということを意味しているのです。「主の御前では、一日は千年のようであり、千年は一日のようです」（Ⅱペテロ三・八）とあるからです。

つまり、神が神であられるゆえに、御父がその子らに与えられるすべてのことに、始まりも終わりもなく、それは日ごとに新しいのです。またそれは、絶え間なく、主ご自身の存在の無尽蔵の供給源から訪れてくるのです。ですから、私たち神の子は、単純に、全幅の信頼をもって、主の祈りをささげることができます。なんというすばらしい確信であり、慰めと力に満たしてくれる頌栄でしょう。

マルティン・ルターの特別愛唱した詩篇一一八篇を思い浮かべます。その冒頭は一節から四節までに「主の恵みはとこしえまで」の四連発です。「主に感謝せよ」「イスラエルよ　言え」「アロンの家よ　言え」「主を恐れる者たちよ　言え」、そしてそれぞれの後に続けるのです。「主の恵みはとこしえまで」と歌いあげます。あの「松島やああ松島や松島や」の感動に似た神賛美ではありませんか。ルターはこの詩篇から引用された、数々の新約聖書の名言を挙げているのですが、先に進みます。この詩篇二四節に「これは主が設けられた日。／この日を楽しみ喜ぼう」を言いたいのです。

今日、明日と私たちに与えられる日々は、私たちの恵み深い御父の御手が設けてくださった日々です。すべては御手の中で行われます。「御手の中で　すべては変わる

讃美に　わがゆく道を　導きたまえ　あなたの御手の中で」（『教会福音讃美歌』四〇五番）。

その感謝と愛が心の中に湧き上がってくるたましいの喜びを覚える人こそが、主とのとこしえの関係を味わい、不変の、失われることのない喜びを原動力にする信仰者です。

「私たちが神を愛したのではなく、神が私たちを愛し、私たちの罪のために、宥めのささげ物としての御子を遣わされました。ここに愛があるのです。」

（Ⅰヨハネ四・一〇）

クリスチャンが義務感や、神秘的な霊的経験や、禁欲的努力を原動力としているならば、いつかは疲れ果て、信仰の挫折に至ります。そうではなく、とこしえの主の恵みを喜びつつ、キリスト者生活を楽しみましょう。

「あなたのもの」とは、栄光は神にのみ、お返しすべきものであることの確認をしているのです。なぜかというと、救われた私たちのうちに残る罪の法則は、栄光を神にではなく自分のものにする傾向です。しばしば、自分の栄光であると考えるものを見せびらかし、人々の称賛を受けることを目指しています。それが、虚栄心の根っこに横たわっています。たとえば、自分の容姿、肉体美、衣服、技能、立場、影響力、家柄、血筋、頭脳、功績、人間関係、霊的経験、聖書的理解力など数え上げればきりがありません。人々が自分の誇りとするところを無視したり、認めない場合に虚栄の虫がもぞもぞと動き出します。虚栄が偽りであることを知りながら、自分に手柄を持たせたいのです。

私たちの持っているものはすべて神からの賜物です。称賛を受けるべきは、神のみであることを肝に銘じ、謙遜を身に着けて神のしもべに徹したいものです。主イエスのおことばが聞こえてきます。

「しもべが命じられたことをしたからといって、主人はそのしもべに感謝するでしょうか。同じようにあなたがたも、自分に命じられたことをすべて行ったら、『私たちは取るに足りないしもべです。なすべきことをしただけです』と言いなさい。」

（ルカ一七・九、一〇）

むすび

伝統的な頌栄は、主の祈りを「アーメン」を最後のことばとしています。よく知られているように、「はい、それは本当です」という意味です。私たちが主の祈りに対して「アーメン」と言うとき、心から正直にささげているかどうか問われています。それは、詩篇五一篇ダビデの悔い改めの賛歌のようです。「神へのいけにえは　砕かれた霊。／打たれ　砕かれた心。／神よ　あなたはそれを蔑まれません」（一七節）。

問一二九　「アーメン」という言葉は、何を意味していますか。

答　「アーメン」とは、それが真実であり確実である、ということです。なぜなら、これらのことを神に願い求めていると、わたしが心の中で感じているよりもはるかに確実に、わたしの祈りはこの方に聞かれているからです。

（『ハイデルベルク信仰問答』）

この「ハイデルベルク信仰問答」の第一問には、こうあります。

問一　生きるにも死ぬにも、あなたのただひとつの慰めは何ですか。

答　わたしがわたし自身のものではなく、体も魂も、生きるにも死ぬにも、わたしの真実な救い主イエス・キリストのものであることです。

主の祈りと、「ハイデルベルク信仰問答」の第一問に、大きな声で「アーメン」と唱えることができる恵みを感謝します。

しかし、私の幼いころは、全然違う心の世界に住んでいました。俗っぽいことばで恐縮ですが、「アーメン、ソーメン、冷やソーメン」とクリスチャンを、茶化していた少年でした。今となってはお恥ずかしいかぎりです。心苦しい思いに満たされます。その私は、今では命を懸けてアーメンと唱えます。聖霊さまのお働きの賜物です。多くの方々の愛と忍耐と祈りの賜物です。

最後に、いくつかの確認をさせていただきたいのです。

●「天にいます私たちの父」が、神の子どもとしてくださり、愛と親しみをもって救ってくださったことを認めていますか。
●汚れた者を、義なるもの、聖なる者としてくださった神に感謝しつつ、聖なる者にふさわしく生きていく決意を願っているでしょうか。
●自分の十字架を背負い、福音に仕える神の同労者となりたいでしょうか。
●「神のみこころに沿い、神のみこころを行うことを喜ぶ者としてください」と祈れるでしょうか。
●みこころが地でも行われるために、陶器師の手にある土くれになりたいと思うでしょうか。
●日ごとの糧で養われ、富める時も乏しき日にも食卓におられる主を見上げる者となりたいでしょうか。
●自分の負い目を自覚し、感謝のうちに根こそぎ赦された罪の赦しの大きさに日々満たされたいと願いますか。
●「私たちに負い目のある人たちを赦します」という祈りをささげられなかったことに打ち勝って、赦す心を与えてくださいと主に求められるでしょうか。

• 内外からの誘惑と悪に対して、目を覚まして守ってくださる方の力にすがる祈りの習慣を身に着けたいと願いませんか。
• 主の祈りを心から、真実に祈っているでしょうか。おまじないのように、単なる宗教的儀式のようにしない決意をお持ちでしょうか。

これらのお尋ねに、御霊によって確信をもって「アーメン」と言うことが、私たち神の子どもたちに、天の御父が求めておられることです。ともに、そのお招きに応えてまいりましょう。

蛇足かもしれませんが、一つのお願いと提言をいたします。それは、主の祈りを会衆とともに唱和するとき、ゆっくりと意味を味わい、かみしめながら、心と声を合わせて朗詠、朗吟することを心掛けたいのです。礼拝司会者は、主の祈りなどの会衆が声を合わせて主に向かってささげる助けをする務めを担っています。会衆全体が、早口の人に引きずられることなく、遅すぎる口調の人に左右されることなく、全会衆の一体感が醸し出されるリードを心掛けなければなりません。般若心経を唱和する日本文化の琴線に触れ、神への心底からの畏敬と賛嘆の思いをもって、ともに集う人々と一つ心になっている実感を共有する機会としていただきたいのです。それが、キリストのからだに連なり合う者同士の、霊的快感であると思います。少人数の会衆の場合も、大会衆の集う祭典であっても、それぞれに一体感の喜びがあります。

若い人や関東の方は一般にことばが速く、年配者や関西人はおおむねゆっくり口調です。個性と個人差がありますから、教会の伝統と慣習によって違いもあるでしょう。大切なことは、呪文やお経のように意味もわからず、形式的にならないようにしましょう。一区切りごとに、心の中でうなずきながら、皆さんと同じペースで朗詠する心地よさを味わい、主に喜んでいただく礼拝プログラムでありたいものです。

司会者は、一人先走るのでもなく、遅い人を待ちながら、速すぎる人の独走を許さない、祭司の務めを与えられていることを自覚すべきです。牧師はその最終礼拝責任者として、奉仕者と会衆のすべてを教え導く務めがあります。

最近の神学校のカリキュラムに、このような指導と訓練がないのは残念なことです。アカデミックな神学の学びとともに、実践神学の礼拝学に具体的主要素を取り入れたいものです。

「民はみな『アーメン』と言え。／ハレルヤ。」（詩一〇六・四八）

あとがき

まえがきを書き始めて本の名前が自然に決まりました。改めて、書名について思いめぐらしたことを「あとがき」に追加します。主の祈りの出版について、「私ごときものが」と自覚し、さりとて「私ならでは」と思い、「私流の」ささやかな、しかし「私でなければ」、「私を通して主が」、「私とともに歩んでくれた人々」、このようなとりとめのない思いが駆けめぐる中で、主の祈りの本の名前がいつの間にか例を見ない、『私なりの「主の祈り」』になったというわけです。初校の判断と推薦文を引き受けてくださった、同盟基督教団理事長朝岡勝先生が、サブタイトルを『主の祈り霊想・講解』とするようにおすすめくださいました。

私は、みことばを語り始めて五十年の年月が過ぎました。私の説教学と教会史の講師は故・長谷川計太郎先生でした。神戸の塩屋の神学校に奈良の西大寺から泊まりがけで来てくださいました。四年生の私たちは、夜先生の部屋でお話を聞いたこともありました。卒業前に、数人で奈良のご自宅を訪問しました。そして神学校卒業後、毎週いろいろな機会にみことばを語り継いできました。神戸中央教会の二年間、岡山の西大寺での四十九年間、懐かしさがこみ上げてきます。説教学と言えば、長男雄一は慶応義塾大学の、中世ヨーロッパの説教研究の専門家です。二男は関西学院大学の社会学者です。日本近代のキリスト教の研究者です。娘かおりの主人は、日本同盟基督教団霞が関キリスト教会の佐野泰道牧師です。正直なところ彼らの評価が怖いです。

教会での朝夕の礼拝説教、その後、主の日の早朝六時から夜の七時までの四回の礼拝、幼稚園での説教、その保護者の皆様方、小学生向け、中高生に向かって、青年期の若者に、中高年、壮年期の男女、老年期の高齢者の方々の集会、家庭集会、ボーイスカウト団行事、他教会での特別伝道集会、神学大学での諸集会での説教。地方教会の中で、語り掛ける対象はさまざまです。クリスチャンの修養会、キャンプでのメッセージ、他教会や教団全体への説教、教職対象、信徒対象、教職信徒を含む大集会など、光栄な経験もさせていただいてきました。ただひたすら、召してくださった主のあわれみです。ですから、今回も「私なりの主の祈り」というわけです。

説教準備においてだれかに相談したい場合もあります。説教者に祈り手とモニターが必要です。それは、題だけでなく、内容も、展開も、序論・本論・結論も、構成も、釈義も、神学的教理も、適用も、ざっと考えただけで何から何まで難しいことばかりです。五十年間説教者の務めをしてきて、私は本当にふさわしくないものであると思わざるを得ません。それでも、最後の最後になった今も性懲りもなく、小さいながら説教を書物にするなどという大それたことをしているのです。

無学で、何のとりえもない私に、このような大それた思いを抱かせてくださるのは、あわれみによって召してくださった神さまであり、その恵みを知っているからです。また、五十年にもわたって私の拙い、聞きづらい、小難しい、長い説教に耳を傾け続けてくださった、愛する西大寺キリスト教会の兄弟姉妹の祈りと、期待と、忍耐と、感謝の支えがあったからです。それも間もなく終わる日が来ることを予感しているからです。本書の最後まで祈りつつお付き合いくださり、心から感謝いたします。

最後に、五十年にわたる西大寺キリスト教会の歴代長老・執事・信徒の皆様にお礼を申し上げます。いのちのことば社の長沢出版部顧問、米本さんはじめ担当の皆様方に感謝します。西村敬憲主任牧師と牧会スタッフのお世話になりました。徳丸町キリスト教会牧師朝岡勝先生の助言と励ましに今一度感謝します。同労者であり、毎回の校正を担当してくれる妻昭代がいてくれたからこそです。今回も校正の協力者竹本喜代子姉に感謝します。

二〇二〇年十月　　コロナウイルス災禍の年に

赤江弘之

参考文献

『聖書』新改訳２０１７、新日本聖書刊行会、いのちのことば社、二〇一七年
『教会福音讃美歌』福音讃美歌協会、いのちのことば社、二〇一二年
W・フィリップ・ケラー『私たちの主の祈り』大滝信也訳、いのちのことば社、一九七八年
J・I・パッカー『私たちの主の祈り』伊藤淑美訳、いのちのことば社、一九九一年
アンドレ・ペリー『ハイデルベルク信仰問答講解』吉川八郎訳、新教出版社、一九七一年
登家勝也『ハイデルベルク信仰告白問答講解Ⅱ』教文館、一九九七年
朝岡勝『ハイデルベルク信仰問答を読む――キリストのものとされて生きる』いのちのことば社、二〇一七年
朝岡勝『喜びの知らせ――説教による教理入門』いのちのことば社、二〇二〇年
泉田昭『主の祈り』いのちのことば社、一九七一年
尾山令仁『マタイによる福音書――私訳と講解』羊群社、一九七九年
榊原康夫『KGK新書　マタイによる福音書』小峰書店、一九六四年
D・R・A・ヘア『現代聖書注解　マタイによる福音書』塚本惠訳、日本キリスト教団出

版局、一九九六年
中澤啓介『二一世紀・聖書註解シリーズ　マタイの福音書註解・上』友愛書房、いのちのことば社発売、二〇〇一年
『新聖書注解　新約I』いのちのことば社、一九七三年
山口昇『新聖書講解シリーズI　マタイの福音書』いのちのことば社、一九八三年
新日本聖書刊行会編『聖書翻訳を語る――何を、どう変えたのか「新改訳２０１７」』いのちのことば社、二〇一九年
いのちのことば社出版部編『新キリスト教辞典』いのちのことば社、一九九一年
小畑進『詩篇講録』上・下、いのちのことば社、二〇〇七年
『日本語ヘクサプラ――六聖書対照新約全書』エルピス、一九九四年
土居健郎『聖書と「甘え」』ＰＨＰ新書、一九九七年
北森嘉蔵『日本人と聖書』教文館、一九九五年
本田弘慈『幸福の条件』いのちのことば社、一九七九年
加藤常昭『祈りへの道』教文館、一九八七年
加藤常昭『使徒信条・十戒・主の祈り』教文館、二〇〇〇年
加藤常昭『主イエスの譬え話』教文館、二〇〇一年
加藤常昭『説教塾ブックレット一　説教者を問う』教文館、二〇〇四年
金田幸男『十戒・主の祈り　講解説教集』聖恵授産所、一九九八年
辻宣道『教会生活の処方箋』日本キリスト教団出版局、一九八九年

赤江弘之『みことばに聴くシリーズ1　いつ聖霊を受けるのか』西大寺キリスト教会発行、二〇〇九年
赤江弘之『聖書信仰に基づく教会形成――西大寺キリスト教会の歩みを一例として』ヨベル、二〇一八年
赤江弘之『あなたの堕落は可能か』（非売品）一九七〇年
赤江弘之『福音に仕える教会　2』西大寺キリスト教会長老会、いのちのことば社発売、二〇一二年

著者

赤江弘之（あかえ・ひろゆき）

1943年　兵庫県高砂市生まれ。
1964年　橋本 巽牧師(尾上聖愛教会)より受洗。
1970年　関西聖書神学校卒業後、神戸中央教会。
同　年　西大寺教会(岡山)。1979年、単立西大寺キリスト教会を経て、1990年から日本同盟基督教団に加入、牧会歴通算50年。
日本同盟基督教団理事長、東京キリスト教学園理事長、日本福音同盟副理事長などを歴任。この間、新改訳聖書刊行準備委員会と教会福音讃美歌協会の発足に責任を担う。
教会は教育伝道事業として、幼稚園、チャーチスクール、ボーイスカウトを始め、福祉事業として、NPO法人あい愛をスタート。「ゆりかごから天国まで」のテーマで市民教会を目指す。教会成長論文「瀬戸内ベルトライン計画」のもとに、教会が約10教会を開拓しそれぞれ独立に至る。1985年から34年間RSK・RCCラジオ福音放送「希望のこえ」のメッセンジャーを務めた。
子ども　長男　慶應義塾大学 勤務
　　　　二男　関西学院大学 勤務
　　　　長女　牧師夫人(埼玉・霞が関キリスト教会)
著書として、『永遠への道』『神の御手に抱かれて』『いつ聖霊を受けるのか』『聖書信仰に基づく教会形成』『愛がなければ』(以上、西大寺キリスト教会発行)などがある。
個人伝道テキスト『永遠への道』の解説動画は、ネット配信、DVDで公開。

私なりの「主の祈り」
——主の祈り霊想・講解

2020年11月25日　発行

著　者　赤江弘之
印刷製本　シナノ印刷株式会社
発　行　いのちのことば社
〒164-0001 東京都中野区中野2-1-5
電話 03-5341-6924（編集）
03-5341-6920（営業）
FAX03-5341-6921
e-mail:support@wlpm.or.jp
http://www.wlpm.or.jp/

ISBN 978-4-264-04234-1